THETAHEALING®
Ritmo para Um Peso Perfeito

Vianna Stibal

THETAHEALING®
Ritmo para Um Peso Perfeito

Tradução:
André Dias Siqueira e Gustavo Barros

Publicado originalmente em inglês sob o título *ThetaHealing® Rhythm: for Finding your Perfect Weight*, por Hay House.
© 2013, Hay House.
Direitos de edição e tradução para todos os países de língua portuguesa.
Tradução autorizada do inglês.
© 2021, Madras Editora Ltda.

Editor:
Wagner Veneziani Costa *(in memoriam)*

Produção e Capa:
Equipe Técnica Madras

Tradução:
André Dias Siqueira e Gustavo Barros

Revisão da Tradução:
Arlete Genari

Revisão:
Ana Paula Luccisano
Neuza Rosa

Dados Internacionais de Catalogação na Publicação (CIP)
(Câmara Brasileira do Livro, SP, Brasil)

Stibal, Vianna ThetaHealing® ritmo para um peso perfeito / Vianna Stibal ; tradução André Dias Siqueira, Gustavo Barros. -- São Paulo : Madras Editora, 2021.

Título original: ThetaHealing® Rhythm for Finding Your Perfect Weight
ISBN 978-65-5620-025-5

1. Autoajuda 2. Cura 3. Meditação 4. Saúde espiritual - Meditações 5. Terapia holística

Índices para catálogo sistemático:
1. Terapia holística 615.89
Aline Graziele Benitez - Bibliotecária - CRB-1/3129

É proibida a reprodução total ou parcial desta obra, de qualquer forma ou por qualquer meio eletrônico, mecânico, inclusive por meio de processos xerográficos, incluindo ainda o uso da internet, sem a permissão expressa da Madras Editora, na pessoa de seu editor (Lei nº 9.610, de 19/2/1998).

Todos os direitos desta edição, em língua portuguesa, reservados pela

MADRAS EDITORA LTDA.
Rua Paulo Gonçalves, 88 — Santana
CEP: 02403-020 — São Paulo/SP
Tel.: (11) 2281-5555 — (11) 98128-7754
www.madras.com.br

Nota do editor internacional:

As informações contidas neste livro não devem ser tratadas como um substituto para o conselho de um médico profissional; sempre consulte um médico. Qualquer uso das informações neste livro fica por conta e risco do leitor. Nem o autor nem o editor podem ser responsabilizados por qualquer perda, reclamação ou danos decorrentes do uso, ou mau uso, ou das sugestões feitas ou da falta de atendimento e aconselhamento médicos, ou para qualquer material em *sites* de terceiros.

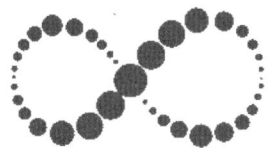

Índice

Introdução 10
   Como Usar Este Livro 11
   Os Passos 14

Capítulo 1
Um Corpo Bonito 17
   O Sermão dos Exercícios 22
   A Percepção da Sociedade 23
   O Papel da Genética 28

Capítulo 2
Um Rápido Lembrete de Trabalho de Crença 30
   Programas 31
   Digging 33
   Liberando e Substituindo Programas 36

Capítulo 3
Liberação de Peso – Passo 1: Trabalho de Crença ... 39
   Crenças Sobre o Peso 41
   Crenças e Genética 44
   Camadas de Crença 47
   Crenças e Downloads 48
   Sessões de Trabalho de Crença 58

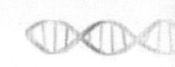

Capítulo 4
Liberação de Peso – Passo 2: Suplementos Sugeridos para
uma Liberação de Peso Suave 69
    Crise? Que Crise? 70
    Suplementos 72
    Suplementos Sugeridos Para
    Liberação de Peso 73
    Parasitas 86

Capítulo 5
Liberação de Peso – Passo 3: O Canto do Coração 94
    Liberando A Tristeza 100

Capítulo 6
Liberação de Peso – Passo 4: Abençoe Sua Comida, Abençoe Seu
Corpo, Menos é Melhor 105
    Corpo e Mente 106
    Os Riscos de Fazer Dieta 110
    Dietas Vegetarianas e Outras 112
    Abençoe Seu Alimento 113
    Menos é Melhor 116

Capítulo 7
Liberação de Peso – Passo 5: Exercício sem Exercício 119
    Correr... da Maneira Correta 120
    Começando 124
    Um Método Alternativo 125
    Exercitar sem Exercitar 130
    O Platô de Crenças e Medos 133

Capítulo 8
Liberando as Camadas 136
    Uma Camada de Cada Vez 138
    Medo de se Perder 139
    Medo do Sucesso 140

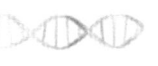

Capítulo 9
Dietas Sugeridas 143
    A Dieta do Diabetes 144
    A Dieta do Hospital Memorial do
    Sagrado Coração 163
Recursos 168
    Livros 171
Sobre os Tradutores 172
Índice Remissivo 175

Introdução

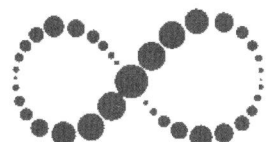

Um dia, em uma meditação, eu disse a mim mesma: "tenho essa técnica de cura incrível. Ela me trouxe de volta de problemas de coração. Ela me trouxe de volta de um tumor. Ela tem me ajudado infinitas vezes com meus relacionamentos, com minha família, com meu crescimento. O que me falta quando a questão é o peso?"

E então tive a resposta divina e ela veio assim: "Vianna, qualquer um que lhe falar que você pode emagrecer sem exercício está tentando lhe vender alguma coisa. Você tem de se exercitar!"

Eu assimilei a mensagem literalmente e comecei a me exercitar.

Então, depois de pouco tempo, recebi o restante da mensagem: "Quando você não puder se exercitar todos os dias, seu cérebro tem de *pensar* que você ainda está se exercitando todos os dias".

Então, vou compartilhar com vocês como encontrar seu peso perfeito ao mudar suas crenças, usando sua mente subconsciente e o Criador de Tudo O Que É.

COMO USAR ESTE LIVRO

Esta obra acompanha meus livros *ThetaHealing® – Introdução a Uma Extraordinária Técnica de Transfomação*

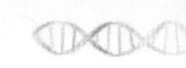

Energética, ThetaHealing® Avançado e *ThetaHealing® Doenças e Desordens*. No *ThetaHealing – Introdução a Uma Extraordinária Técnica de Transfomação Energética*, explico os processos passo a passo da leitura, da cura, do trabalho de crença, trabalho de sentimento, *digging* e trabalho de gene, e proporciono uma introdução aos planos de existência e informações adicionais para o iniciante. O *ThetaHealing Avançado* oferece um guia aprofundado para o trabalho de crença, o trabalho de sentimento e *digging*, e proporciona percepções sobre os planos de existência e as crenças que acredito que são essenciais para a evolução espiritual. O livro *ThetaHealing® Doenças e Desordens* esboça os programas e sistemas de crença que descobri que são associados a certas doenças e desordens, e os *insights* inconscientes, remédios e suplementos que achei importantes para curá-las.

É necessário ter um entendimento do processo explicado no livro *ThetaHealing® – Introdução a uma Extraordinária Técnica de Transfomação Energética* para utilizar completamente este a obra. Acredito que eles facilitam a cura física, psicológica e espiritual usando a onda cerebral Theta. Quando estamos em um puro estado mental Theta, conseguimos nos conectar ao Criador de Tudo O Que É por meio de uma oração focada. Foi o Criador quem nos deu o fascinante conhecimento que você está para receber. Ele mudou a minha vida e a de muitos outros.

Se você não está familiarizado com os processos do ThetaHealing e quer participar deste programa, sugiro que encontre praticantes ou instrutores de ThetaHealing na sua região. Certifique-se de que são especializados e de que você se sente confortável com eles, só então inicie uma

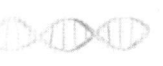

série de trabalho de crença com eles. Se você não vir os resultados de que precisa, pode querer trocar para um ThetaHealer mais experiente ou, ainda mesmo, tornar-se um. Quando um trabalho de crenças for realizado corretamente, você vai ver resultados.

Com estudo e prática, todo mundo pode encontrar seu peso perfeito – todo mundo que acredita em Deus ou na essência do Tudo O Que É, que flui por meio de todas as coisas. Esse é o requisito absoluto com esta técnica: você tem de ter uma crença central em um Criador, um Deus, o Criador de Tudo O Que É. Percebo que o Criador tem muitos nomes diferentes – Deus, Buda, Shiva, Deusa, Jesus, Jeová e Alá, para nomear apenas alguns. ThetaHealing não tem afiliação religiosa, pois acomodará a maioria dos sistemas de crença. Seus processos não são específicos para uma idade, gênero, raça, cor, credo ou religião. Qualquer pessoa com uma crença pura em Deus ou na essência Tudo O Que É pode acessar e usar os ramos da árvore do ThetaHealing.

No entanto, por favor, perceba que este programa pode não ser para aqueles que têm problemas de obesidade causados por questões de saúde específicas. As pessoas que são patologicamente obesas devem perguntar aos seus médicos antes de começar qualquer exercício ou plano de dieta. Uma pessoa extremamente obesa pode precisar de um plano específico, além disso, um profissional de saúde qualificado deve fazer um estudo detalhado dela primeiramente. Eu gostaria de acrescentar que sou empática com as pessoas que estão acima do peso por causa de questões de saúde, assim como com aquelas que estão acima do peso por falta de exercício.

Este programa é para os que não têm maiores problemas de saúde e que não são preguiçosos, mas podem estar muito ocupados para se exercitar todos os dias. Partes do programa podem ainda beneficiar pessoas obesas. É também minha crença que isso pode beneficiar aqueles que estão abaixo do peso por causa de anorexia nervosa, bulimia e outras condições psicológicas.

OS PASSOS

Há cinco passos para o programa e cada um é importante.

1. Trabalho de crença

O primeiro passo é trabalhar em suas crenças, uma vez que você pode descobrir que elas o impedem de caminhar para seu peso perfeito. À medida que cada camada de 4,5-9 quilos é liberada, por exemplo, você pode descobrir que fica nervoso em emagrecer. Você pode olhar no espelho e ficar em pânico, amedrontado e estressado e simplesmente achar estranho. Pode não ter ideia do porquê está tendo esses sentimentos ou de onde eles estão vindo. Por outro lado, pode se lembrar de quando estava com esse peso antes e encontrar questões daquele tempo ressurgindo para você. Esses sentimentos de fuga têm de ser freados e liberados.

2. Suplementos

Suplementos são sugeridos para uma suave liberação de peso. Os principais são os ácidos graxos ômega 3, vinagre de maçã e ácido alfa lipoico.

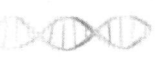

Sempre que você estiver lutando consigo mesmo ao tomar seus suplementos, está lutando com algumas das crenças que precisam ser liberadas.

Você pode também querer fazer uma limpeza de algum parasita para ajudá-lo a liberar peso.

3. O canto do coração

O canto do coração é vital para este programa. Liberar programas genéticos dos seus ancestrais por meio deste exercício fará uma grande diferença em como você se sente e o deixará muito mais leve em geral, não só fisicamente, mas também em outros aspectos.

Curiosamente, este é um dos processos que as pessoas tentam evitar. Elas podem ter medo da culpa que pode existir ou simplesmente achar a ideia toda assustadora. No entanto, é vital fazer esse exercício por completo para começar a liberar peso.

4. Abençoar e comer menos

Abençoar sua comida e comer menos é também muito importante. Saiba que a comida não é sua inimiga, mas sua amiga.

5. Exercitar-se – sem se exercitar

Nós vivemos num corpo humano que precisa se exercitar. Isso é simplesmente um fato da vida. Contudo, na etapa final deste programa vou revelar um segredo: uma forma de se exercitar sem ter que se exercitar (muito). Você ainda vai ter de se exercitar um pouco, mas o truque é fazer seu subconsciente pensar que você está se exercitando bastante. Que maneira divertida de liberar peso – deixe sua mente fazer isso por você!

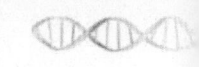

Quando você não tem de lutar com seu peso, sua vida fica muito mais fácil. Então dê uma chance a esse programa e veja o que acontece. Muitos praticantes de ThetaHealing têm tido ótimos resultados com ele, como os *e-mails* que eles me mandam podem atestar.

Um dos resultados mais interessantes foi daquele que começou o programa abaixo do peso e se sentiu melhor em todas as áreas de sua vida depois de usá-lo. Parece ser uma boa maneira de trabalhar com pessoas com anorexia ou bulimia, porque elas não somente se sentem melhor quando estão se exercitando, mas também sentem que estão no controle de suas vidas novamente. E controle e estrutura são muito importantes para esses tipos especiais de indivíduos.

Por favor, perceba que ainda que eu esteja compartilhando estas informações com você, não aceito qualquer responsabilidade pelas mudanças que podem surgir do seu uso. A responsabilidade é sua, uma responsabilidade que você assume quando percebe que tem o poder de mudar sua vida, assim como a dos outros.

Capítulo 1

Um Corpo Bonito

A primeira coisa que você deve saber é que acho que todo mundo é bonito. Todos somos perfeitos, cada um da sua forma especial. Mas se você não está confortável com seu peso, vou lhe mostrar o que fazer para ficar confortável consigo mesmo e se tornar a pessoa que você quer ser.

Houve muitas vezes na minha vida em que eu não estava confortável com meu peso. Quando cursava o ensino médio, era alta e magra e as pessoas zombavam de mim. Então me casei e tive três filhos, daí ganhei peso, mas voltei para um peso aceitável depois da minha última gravidez. Quando eu estava fazendo treinamento para ser uma guarda de segurança, fiquei em ótima forma. Mas depois do curso, tive um emprego de segurança que solicitava trabalho em turnos e era difícil encontrar tempo para correr. Era um milagre que eu estava correndo, uma vez que dois anos antes do meu treinamento para segurança nuclear, minha perna inchava sem parar. Pelos anos seguintes, ela continuou a inchar periodicamente e isso interferiu na minha corrida também. Quando eu estava chegando ao ponto em que não conseguia andar, fui diagnosticada com câncer. De agosto de 1995 à primavera de 1996, quase perdi minha perna e minha vida. Depois disso ganhei peso, como muitas pessoas fazem em tempos de estresse, mas eu não estava com muito sobrepeso. No entanto, desenvolvi o medo de que teria câncer novamente se ficasse magra de novo, daí mantive o peso. Eu tinha de trabalhar nesse medo.

Então, em 1997, a pressão de um relacionamento difícil, um divórcio, questões com as crianças e trabalhar 16 horas por dia começaram a ter um custo para mim. Eu havia me exaurido. Tive pneumonia e isso engatilhou a recorrência da asma da minha infância. O ano seguinte, quando comecei a viajar para dar aulas, descobri que aviões têm quantidade menor de oxigênio respirável do que o ar normal e, uma vez que eu não tinha a capacidade pulmonar que deveria ter, por causa da asma, comecei a tomar prednisona para ajudar minha respiração quando eu voava. Posteriormente, suspendi a medicação, mas o efeito colateral foi que ganhei peso. Após seis meses desse cenário, havia ganhado 32 quilos. Não me sentia bem naquele peso e meu corpo ficou desalinhado também, por causa de todas as viagens que eu estava fazendo. Era horrível ver minhas roupas pulando de tamanho a tamanho, sempre aumentando. Nunca tinha encarado uma situação como aquela na minha vida.

Não me leve a mal – não sou contra os médicos por causa dessa experiência. Os especialistas que consultei estavam simplesmente fazendo o melhor que eles podiam por mim e sei que a medicina convencional tem seus momentos de glória. Porém, ainda que eu tenha usado prednisona por um breve período, ela quase me matou. Precisei encontrar um meio alternativo de me curar.

Por volta dessa época, comecei a perceber uma diferença em como eu era tratada por outras pessoas. Quando era mais magra, ia para uma loja e os vendedores me atendiam com gentileza. Agora que eu estava mais pesada, acima do peso e inchada, eles me tratavam com um peculiar desdém. Alguns ainda me perguntavam se estava grávida!

Eu não gostava do jeito que estava sendo tratada ou da forma que estava sendo enxergada. Isso não era nem correto! Não estava grávida nem estava comendo demais. As pessoas achavam que eu estava comendo muito, mas, na verdade, estava me alimentando bem pouco.

Era interessante ensinar ThetaHealing também. Com algumas pessoas (principalmente mulheres), o fato de eu estar encorpada facilitou, porque sentiam que eu não era um tipo de competição para elas. Outras pessoas, no entanto, me viam com um olhar crítico. E sempre havia a pessoa estranha que não tinha trabalhado nas suas próprias questões e vinha com a pergunta: "Por que você não é magra?" Descobri que havia muitos motivos para esse tipo de "sinceridade", variando de curiosidade e competição a simplesmente indelicadeza.

Muito francamente, era fácil para mim dizer: "Professores espirituais podem estar da forma que eles quiserem". Vejo todo mundo como especial da maneira que é. Acho que pessoas ao redor do mundo têm formas diferentes para seus corpos e são todos belos. Olho para pessoas a partir de um olhar de artista: da perspectiva de como seria pintar um retrato delas. Eu só acredito que uma pessoa deve perder peso quando faço uma leitura e questões de saúde emergem por causa do peso dela.

Nesse tempo eu estava dando uma aula na Austrália e, no final do primeiro dia, um dos meus alunos veio até mim. Ele era sarado como um fisiculturista e não tinha muito excesso de peso. Ele disse: "Por favor, você não tem de responder à minha pergunta agora, mas quero saber como consegue dar uma aula sobre cura sendo tão gorda".

Isso feriu meus sentimentos e quando saí da aula, naquela noite, contei rapidamente ao Guy, meu marido, o que aquele homem tinha dito. Isso trouxe nossas questões à tona e Guy ficou incomodado com ele, mas se segurou de lhe falar qualquer coisa porque o Criador de Tudo O Que É me disse para não reagir e esperar.

Na manhã seguinte, o jovem homem veio até mim novamente e disse: "Você tem alguma resposta para minha pergunta?"

Era bom que Deus estava comigo, porque de outra forma minha resposta teria sido diferente da que dei, que foi: "Por que você quer saber?"

Ele disse: "Porque eu era gordo. Sempre fui gordo – minha vida inteira. As pessoas zombavam de mim, não importa aonde eu fosse e o que fizesse, e eu detestava isso. Tive de fazer algo a respeito. Primeiro quase morri porque me obriguei a passar fome, então comecei a fazer exercícios e perdi peso. Mas você sabe, ainda hoje, quando entro em uma sala cheia de pessoas, ainda me sinto gordo, e não importa o que eu faça, não consigo afastar o sentimento. E você ainda consegue ficar em frente a um grupo de pessoas e ensinar energia de cura para eles sem ser autoconsciente. Quero saber o que preciso fazer para ser assim".

Se eu tivesse reagido ao jovem rapaz da forma que eu havia pensado antes, não teria ouvido a mensagem de inspiração que ele me deu. Isso me inspirou em muitos níveis.

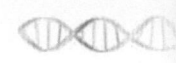

O SERMÃO DOS EXERCÍCIOS

Quando você está acima do peso, uma coisa que sempre vai receber é um "sermão dos exercícios". Aquela pessoa aleatória sempre caminha até você e diz: "Você precisa perder peso – vá fazer exercícios!"

Eu não sou uma pessoa preguiçosa e a maioria de vocês provavelmente também não é. Nós só somos ocupados, pessoas focadas que conduzem vidas complexas e acham difícil encontrar tempo para se exercitar como deveriam.

Então, o que você pode fazer quando dá de cara com essa pessoa aleatória? Sempre pode dizer: "Ok, onde vou colocar exercícios físicos na minha agenda?"

Daí a pessoa vai dizer para você: "*Arrume* tempo para colocar exercício físico na sua agenda!"

"Ok, vou 'dar um jeito' de colocar exercícios físicos às três da manhã na minha agenda!".

Essa conversa é frustrante, assim como o obtuso indivíduo que não sabe nada sobre você e a vida que você conduz.

Viagem aérea nunca é uma boa opção para liberar peso, por exemplo, nem comida de restaurante. Até 30 minutos de exercícios aeróbicos é algo difícil às três da manhã no fim de um voo longo ou depois de um dia repleto de aulas, sessões, encontros de negócios. De qualquer forma, você vai acabar recebendo um "sermão dos exercícios" de alguém.

Foi especialmente frustrante para mim, até no meu maior peso eu ainda era mais forte do que uma pessoa normal e a maioria das pessoas achava difícil me acompanhar, como aquelas que viajavam comigo logo descobriam.

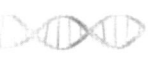

Para outros, especialmente os obesos, pode ser difícil se exercitar quando até respirar é cansativo, quanto mais se movimentar sem o perigo de cair ou se machucar por causa do peso.

Vamos encarar isto: o sermão dos exercícios realmente não faz bem nenhum...

A PERCEPÇÃO DA SOCIEDADE

A maioria das pessoas não está ciente das razões variadas por trás do ganho de peso, algumas das quais têm pouco ou nada a ver com falta de exercício ou comer bastante.

Razões médicas para ganho de peso

Problemas de tireoide podem provocar obesidade, assim como desordens psicológicas, e poucos casos são causados primariamente por genes, desordens endócrinas e resistência à insulina. Certos medicamentos causam obesidade, como a prednisona, conforme descobri. A seguir, apresento uma lista de medicamentos prescritos que podem provocar ganho de peso em algumas pessoas:

- Antidepressivos (inibidores da MAO – monoamina oxidase).
- Remédios antiácidos: esomeprazol magnésico, lansoprazol (podem causar *perda* de peso em algumas pessoas!).
- Antipsicóticos: ácido valproico, clorpromazina, olanzapina, orfiril.

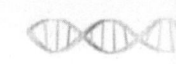

- Anticonvulsivantes: divalproato de sódio e valproato de sódio.
- Betabloqueadores (para pressão alta): doxazosina, cloridrato de propranolol.
- Remédios para câncer de mama: citrato de tamoxifeno e tamoxifeno.
- Cortisona e prednisona (usado para reumatismo e alergias).
- Estrógeno: levonorgestrel e etinilestradiol.
- Insulina para diabetes tipo 2: insulina humana, insulina glulisina, insulina isofânica.
- Lítio: para transtorno bipolar.
- Remédios para enxaqueca: ácido valproico, pizotifeno, cloridrato de amitriptilina.
- Estabilizadores de humor: citalopram, cloridrato de sertralina, cloridrato de imipramina, cloridrato de paroxetina.
- Remédios para reumatismo: etanercepte.

Essas informações não pretendem alarmar você! Muitas pessoas não ganham nenhum peso por causa dos seus medicamentos. No entanto, praticantes da medicina convencional admitem espontaneamente que alguns indivíduos experienciaram ganho de peso depois do uso de determinado medicamento. Isso não é motivo para descontinuar nenhuma medicação – essa é uma escolha que deveria ser discutida com seu médico.

Há outras coisas que podem causar ganho de peso que são frequentemente negligenciadas; trata-se do sistema de crenças genéticas e da pessoa. Examinaremos isso com mais detalhe posteriormente.

Com sobrepeso versus *obeso*

Primeiramente, uma nota sobre esses termos, uma vez que descobri que há uma confusão sobre eles. Estar obeso significa ter muita gordura corporal em relação ao tecido muscular. Isso é diferente de estar com sobrepeso, o que significa pesar muito para o tamanho do seu corpo (geralmente como definido pelas companhias de plano de saúde ansiosas para aumentar o valor das apólices). Nesse caso, o peso pode ser por causa de músculo, osso, gordura e/ou água corporal.

Ambos os termos, porém, significam que o peso de uma pessoa é maior do que o considerado saudável para sua altura, idade e daí por diante.

Na maioria dos indivíduos, obesidade se desenvolve através do tempo, quando mais calorias são consumidas do que usadas. O equilíbrio entre calorias que entram e as que saem difere para cada pessoa. Fatores que podem causar obesidade incluem características genéticas, comer demais, ingerir alimentos com alto teor de gordura e não ser fisicamente ativo. Obesidade aumenta o risco de diabetes, doença de coração, AVC, artrite e alguns cânceres. Por isso é melhor para pessoas obesas começar com formas simples de exercício, tais como caminhada, remada ou pedalar numa bicicleta ergométrica em velocidade baixa.

Algo infeliz que provavelmente acontece quando alguém começa a fazer exercício depois de longa abstinência é que o exercício vai liberar toxinas que tinham sido armazenadas nos tecidos. Isso pode fazer a pessoa se sentir horrível até que essas toxinas sejam liberadas. É por isso que sempre é melhor começar qualquer série de exercícios devagar – e porque nós apresentaremos um novo programa para se exercitar sem se exercitar (veja capítulo 7).

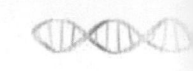

O estigma de estar acima do peso

Conforme descobri, na sociedade ocidental há um grande estigma ligado a estar acima do peso ou obeso. Isso se tornou uma atitude que abrange até pessoas que estão moderadamente acima do peso.

Muito do estigma vem do uso da mídia moderna de modelos e fisiculturistas para promover qualquer coisa, de roupas a carros. Essa proliferação do "corpo perfeito" criou um ideal falso – é ainda por esse ideal que muitas pessoas se comparam com outras. O resultado dessas crenças populares a respeito de peso é que muitos indivíduos pensam que precisam perder peso quando não necessitam perder nada e são absolutamente belas como são.

Essa é também uma visão bastante moderna. No passado, ser gordo era visto como algo bom. É provável que em tempos antigos nós estocássemos reservas de gordura para estarem lá quando precisássemos delas. Gordura estocada era uma vantagem definida e poderia salvar vidas. Isso podia até ser visto com inveja.

Essas associações persistiram e, mais tarde, na história, ser gordo era amplamente percebido como símbolo de riqueza e fertilidade, como ainda é, em algumas partes do mundo. Viajo para países onde as pessoas não acreditam

que você tem de ser supermagro e viajo para outros em que elas acreditam.

Na Califórnia, quanto mais perto você chega de Beverly Hills, mais loiras, com maiores seios e mais magras se tornam as mulheres. Todas elas precisam ter o "corpo perfeito".

Sou tão despretensiosa quanto elas me vêm e, numa ocasião em particular, quando fui dar uma aula na Califórnia, achei que minhas unhas das mãos e dos pés não estavam feitas para as exigências da aula. Minha neta e eu sempre nos divertimos pintando as minhas unhas dos pés e eu não estava disposta a renunciar a esse prazer pela aula, mas as mulheres – todas loiras, com maquiagem perfeita – enlouqueceram por causa da aparência dos meus dedos dos pés e mandaram uma pedicure para o meu quarto para fazer e pintar as unhas.

No entanto, descobri, quando comecei a fazer sessões individuais com algumas dessas mulheres, depois da aula, que elas não eram tão autoconfiantes quanto aparentavam ser. Eu fiz trabalho de crença com algumas delas e descobri que ainda que fossem exteriormente atraentes, elas ainda não se achavam bonitas o suficiente. Muitas delas tinham o benefício da toxina botulínica, cirurgia plástica, cabelos tingidos, próteses mamárias, lipoaspiração, maquiagem e qualquer outra coisa que estivesse na moda, mesmo assim eram incapazes de aceitar sua própria beleza, por dentro e por fora. Percebi que é difícil trabalhar com pessoas cuja aparência é essencialmente perfeita para os outros (e para mim) quando elas acreditam que não são bonitas, e estão constante e compulsivamente lutando até pela mínima

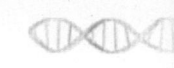

melhoria. Para mim, "perfeição" exterior não é necessária; é o nosso caráter que nos define.

Parte do foco contemporâneo em ser magro veio das modelos na França. No passado, os estilistas franceses contratavam mulheres voluptuosas, de seios fartos e encorpadas para modelar suas linhas de roupas. O problema era que todo mundo se concentrava mais nas mulheres voluptuosas por baixo das roupas do que na vestimenta. Os estilistas tiveram então a brilhante ideia de contratar mulheres bonitas, mas esqueléticas para modelar seus trajes, de modo que as pessoas prestassem atenção nas roupas e não nas modelos. Infelizmente, as mulheres que assistiam às modelos parecendo palitos desfilando pela passarela começaram a achar que era isso que os indivíduos queriam ver, e grande parte da população ocidental começou a acreditar que precisava ser supermagra para ser bela.

Há tantas ideias de beleza... Muitos anos atrás eu decidi que queria me tornar uma fisiculturista. Achei que uma fisiculturista chamada Vianna seria algo divertido – e daí descobri que já havia uma fisiculturista chamada Vianna! Olhei algumas fotos dela. Todo aquele músculo! No final das contas, embora percebesse que ela era bonita, decidi que ser uma fisiculturista não era o que queria.

O PAPEL DA GENÉTICA

É claro que nossos genes também constituem uma parte no nosso peso... Se eu for para o Japão, vou ver pessoas muito magras, porque os japoneses são dessa forma geneticamente. Se eu for para as ilhas do Havaí, onde os polinésios têm nadado nos oceanos frios por séculos, vou ver pessoas que são fortes, mas pesadas. Eles têm mais gordura corporal em razão de onde vivem e do que os ancestrais deles fizeram no passado. Se eu for a países que são mais frios, vou ver pessoas maiores e com mais peso. Você pode ver isso se for para climas mais nórdicos: os homens são maiores e as mulheres são mais encorpadas.

Às vezes, o tamanho que você tem é por causa dos seus genes, mas não é o que você gostaria de ter. Algumas culturas também têm estilos diferentes de corpo. Muito disso se relaciona à genética delas e às suas crenças genéticas.

O que é saudável para você a partir de uma perspectiva genética pode não ser o que quer ou como quer. Mas você precisa entender que a forma do seu corpo é específica para si. Você deveria desejar ser saudável, forte e pleno da sua própria beleza especial.

Depois de muitos anos com sobrepeso, comecei a trabalhar em uma maneira de retornar ao meu peso ideal usando exercícios e ThetaHealing, de modo que eu pudesse estar confortável comigo novamente. Descobri que essa combinação tinha resultados maravilhosos quando a usava. Vamos ver como isso pode ter resultados maravilhosos para você também!

Capítulo 2

Um Rápido Lembrete de Trabalho de Crença

Trabalho de crença é uma parte essencial do ThetaHealing. É uma parte que pode ser facilmente interpretada e compreendida de um ponto de vista psicológico. É uma forma de abrir um portal diretamente para a mente subconsciente para criar mudança dentro dela.

Mediante a observação de pessoas em sessões de trabalho de crença, parece-me que há uma bolha de proteção ao redor do oceano da mente subconsciente – pelo menos em algumas pessoas. Esse campo de proteção é criado em um processo natural para que o disco rígido do subconsciente pode nos isolar da dor ou do que se percebe que pode ser doloroso para nós. Devemos então tentar mudar o que o ThetaHealing agora chama de "programa".

PROGRAMAS

Nosso cérebro trabalha como um supercomputador biológico, acessando informação e respondendo. Como nós respondemos a uma experiência depende da informação que é dada ao subconsciente e de como ela é recebida e interpretada. Quando uma crença é aceita como real pela mente subconsciente, ela se torna um "programa".

Programas podem ser formados durante uma vida ou podem surgir na infância. Quando somos crianças, por exemplo, nossas experiências com mudanças podem nos ensinar que isso pode ser doloroso e até perigoso. A título de exemplo, pode ser traumático mudar de escola. Se outras mudanças não desejadas acontecem, como o divórcio dos nossos pais ou a morte de um membro da família ou amigo, uma bolha pode começar a se formar ao redor do nosso subconsciente como forma de nos isolar da dor. À medida que envelhecemos, transformação e crescimento (como eles são percebidos pela mentalidade ocidental) são também em grande parte detectados como dolorosos. Quando nós perdemos ou trocamos de emprego, perdemos um amor ou à medida que nossos corpos envelhecem, nossas percepções de mudanças podem se tornar cada vez mais negativas. Então, conforme envelhecemos, torna-se cada vez mais difícil fazer mudanças que podem ser dolorosas para nós. A bolha fica no lugar e as camadas de proteção se tornam cada vez mais espessas. Trabalho de crença é uma forma de penetrar por essas camadas na mente subconsciente para permitir que as mudanças sejam feitas sem criar ou recriar a dor.

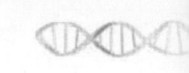

    Os programas podem ser benéficos ou prejudiciais, dependendo do que são e de como reagimos a eles. Muitos, no entanto, estão nos impedindo de fazer mudanças positivas e sequer estamos cientes deles.

    Para dar outro exemplo, muitas pessoas vivem a maior parte de suas vidas com o programa oculto de que não podem ter sucesso. Mesmo que tenham muito sucesso por vários anos, podem perder repentinamente tudo o que possuem ou fazer algo para sabotar a si mesmas por causa desse programa oculto. Elas não entendem que existem programas dentro delas que estão lá desde a infância, flutuando na mente subconsciente, apenas esperando a oportunidade de serem reinseridos na realidade.

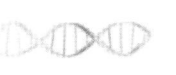

O trabalho de crença nos empodera com a capacidade de remover esses programas negativos e substituí-los por positivos. Isso funciona pela percepção de que podemos criar mudanças por meio de uma das forças mais poderosas do Universo: a energia das partículas subatômicas.

DIGGING

Uma das maneiras pelas quais um praticante de ThetaHealing pode ser mais eficaz em uma sessão de trabalho de crença individual é usando algo que agora é chamado de *digging*. Ele é a realização de um teste energético para a crença-chave que é a base para muitas outras crenças. O praticante tem a oportunidade de desempenhar o papel de investigador particular na busca do problema emocional que é a causa-raiz de todo um conjunto de outras crenças. À medida que o praticante faz o teste energético na pessoa, as sentenças feitas por ela darão pistas para a crença-chave.

É útil visualizar aqui o sistema de crenças como uma torre de blocos. O bloco da base é a crença-chave que sustenta o restante das crenças. Você pode economizar horas procurando e eliminando as principais crenças-chave.

Como determinar a crença-chave

- Comece perguntando à pessoa: "Se houvesse algo que você pudesse mudar em sua vida, o que seria?" Isso o levará ao problema em questão.
- Faça perguntas pertinentes ao problema em questão. Continue a fazer perguntas até chegar à questão central mais profunda. Você saberá que está próximo da crença-chave quando a pessoa começar a se tornar verbalmente defensiva, se contorcer ou chorar em uma tentativa subconsciente de manter o programa. Extraia, cancele, resolva e substitua a questão conforme necessário em quaisquer níveis de crença em que você a encontrou. As principais perguntas a serem feitas são: "Quem?", "O quê?", "Onde?" e "Como?".
- Evite colocar seus próprios programas ou sentimentos no processo de investigação.
- Certifique-se de estar firmemente conectado à perspectiva do Criador do Sétimo Plano quando estiver no "campo" da pessoa, já que, em alguns casos, o problema vai dar um *loop*, esconder-se ou fazer você andar em círculos com o cenário de pergunta/resposta. Seja paciente e persistente com a pessoa para encontrar o programa mais profundo. Pode ser necessário questionar ao Criador o que é. Pergunte: "Quais crenças-chave estão mantendo este sistema de crenças intacto?"

Quando você estiver no processo de busca de uma crença-chave, ela deve ser encontrada antes do final da sessão ou a pessoa pode passar por uma crise de cura. Não deixe esse indivíduo antes de o trabalho de crença estar concluído e preste atenção a quaisquer sinais de desconforto. Se as pessoas agem ou se sentem desestabilizadas, ou qualquer dor ou tristeza, então seus problemas ainda não foram resolvidos e o trabalho de crença deve continuar.

Quando os clientes experimentam uma dor física inexplicável em uma sessão, é provável que você esteja mergulhando profundamente nos programas subconscientes. Isso significa que está desencadeando diferentes sistemas de crença que o subconsciente está lutando para manter. Com a permissão dos clientes, peça para trazer o download de "como é estar seguro". Continue com a sessão até que a dor passe, a pessoa esteja confortável e tenha um comportamento pacífico.

Na maioria dos casos, entretanto, o *digging* deve preceder a instalação de sentimentos ou a liberação de programas. A primeira coisa que necessitamos entender é qual conexão neuronal precisamos mudar, e cavar nos leva a uma compreensão exata do que é isso.

Esse processo é fácil! Tudo que você precisa fazer é perguntar: "Quem?", "O quê?", "Onde?", "Por quê?" e "Como?". A mente do cliente fará a escavação por você, acessando informações como um computador e lhe dará uma resposta a todas as questões. Se as pessoas parecem não conseguir encontrar uma resposta, isso é algo temporário. Altere a pergunta de "Por quê?" para "Como?". Se ainda não houver resposta, pergunte: "Se você soubesse uma resposta, qual seria?" Com um pouco de prática, você aprenderá como acessar a habilidade mental para encontrar a resposta.

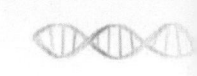

A qualquer momento no processo, o Criador pode vir até você e entregar a crença-raiz que está procurando, portanto, esteja aberto à intervenção divina.

Sempre descubra como a crença-raiz serviu às pessoas e o que elas aprenderam com isso. Geralmente, há um aspecto positivo na maioria das crenças-raízes. Por exemplo: "Se eu estiver acima do peso, meus sentimentos estão seguros" ou "Se eu estiver acima do peso, meus sentimentos mais profundos ficarão escondidos". Nossa mente está sempre fazendo o seu melhor para nos proteger da dor.

Em meu primeiro e segundo livros, discuto a busca pelas crenças-raízes de uma forma profunda e abrangente, então, consulte-os se você precisar de mais informações. Também há exemplos de trabalho de crença no capítulo seguinte. Lembre-se de que cavar não significa perguntar ao Criador o que mudar e nada mais; envolve uma discussão com seus clientes, pois o simples ato de falar sobre o assunto os livrará de parte do problema. Com efeito, trará os programas à luz da mente consciente para serem liberados de modo espontâneo.

LIBERANDO E SUBSTITUINDO PROGRAMAS

É sempre melhor encontrar o programa mais profundo do assunto de que você está tratando, retirá-lo e substituir antes que a sessão termine. Certifique-se de incluir o trabalho de sentimento em sua sessão, uma vez que a inserção de sentimentos em muitos casos vai acelerar o processo de localização do programa mais profundo.

Assim que você tiver o programa-chave, pergunte ao Criador se deseja liberá-lo, substituí-lo ou simplesmente deletar algum aspecto dele. Nunca substitua um programa sem o devido discernimento. Sempre pergunte ao Criador. O que pode a princípio ser percebido como um programa negativo pode, na verdade, ser benéfico. Os programas não devem ser liberados aleatoriamente.

Depois de modificar as sinapses como solicitado, pergunte o que a pessoa aprendeu com o antigo programa que foi substituído e por que ele estava lá. Entender por que os indivíduos têm programas que não são o melhor para elas as ajudará a evitar a recriação da mesma energia.

Em seguida, você deve certificar-se de alterar quaisquer padrões associados que possam interferir com o novo conceito. Lembre-se de que vidas e genes passados também podem bloquear a inserção de uma crença.

A chave está na interação cliente-profissional, mas os clientes não devem se concentrar muito na ideia de que seus cérebros estão sendo reprogramados, ou o subconsciente pode tentar substituir um novo programa pelo antigo.

Ensinar novas ações ao subconsciente não é uma nova ideia minha. Vários processos para mudar a mente subconsciente estão disponíveis, como ler a mesma coisa por 30 dias. No ThetaHealing, acreditamos que as mudanças são quase instantâneas. As crenças são retiradas, enviadas ao Criador e substituídas por novos programas e sentimentos Dele.

Os resultados podem ser maravilhosos. Acreditamos que, usando o trabalho da crença e de sentimento, é possível fazer mudanças físicas no corpo e a doença pode desaparecer. Eu também vi muitas vidas mudarem como resultado de simplesmente baixar os sentimentos do Criador. Por exemplo, se você inserir o sentimento e o saber de viver com alegria, as células vão abrir as portas para a felicidade e, a partir daí, a pessoa vai agir de forma diferente.

(Há exemplos de sessões de trabalho de crença no capítulo seguinte. Para obter informações mais abrangentes sobre o trabalho de crença e sentimento, consulte os livros *ThetaHealing® – Introdução a Uma Extraordinária Técnica de Transfomação Energética* e *ThetaHealing® Avançado*.)

Capítulo 3

Liberação de Peso – Passo 1: Trabalho de Crença

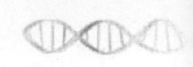

A princípio eu queria liberar peso somente pelo trabalho de crença. Mas achei difícil alcançar resultados porque questões com peso carregam muitas camadas de crença. Descobri que tinha de seguir com outros passos para ter sucesso. No entanto, trabalho de crença era a luz-guia de que eu precisava e ainda era o primeiro passo.

Na primeira vez que dei uma aula sobre liberação de peso para alguns dos meus alunos mais velhos, vi o quanto o trabalho de crença era importante. Eu tinha apenas começado a explicar a estrutura da aula quando uma das minhas alunas (que era uma das mais pesadas) disse categoricamente: "Isso não vai funcionar".

Se você tem o sistema de crença de que algo não vai funcionar antes mesmo de fazer a tentativa, então realizar o trabalho de crença é apropriado. Aquela aluna obviamente tinha algumas questões sobre mudar e liberar peso. É compreensível, uma vez que nós ficamos confortáveis com a forma que as coisas estão e com estar em nossa própria pele. Francamente, mudar nossa pele exterior é demais para alguns de nós. Mas baixa autoestima não vai nos causar a retenção de peso: é o *medo* a real questão.

CRENÇAS SOBRE O PESO

Quando eu fazia leituras e curas em pessoas que estavam acima do peso, aprendi muito dos maneirismos delas, das coisas que elas diziam e observei seus sistemas de crenças gerais. Padrões começaram a se formar. Eu descobri que muitos indivíduos que estavam acima do peso (a ponto que isso os fez pouco saudáveis) tinham tendência a ser insistentes e questionadores por causa da pressão que estar acima do peso pôs no coração deles. Eles tinham uma tendência a ser críticas dos outros (particularmente com os que estavam acima do peso) e um número significativo tendia a ter raiva do mundo inteiro. Ainda outros eram cheios de grande tristeza que não conseguiam definir. Nós deveríamos perceber que esses sentimentos são causados por desequilíbrios nos órgãos, como o fígado e os rins, sem mencionar os fatores de autopercepção e comentários sarcásticos de outras pessoas.

No que se refere à crença, indivíduos estão acima do peso por muitas razões diferentes. Aqui estão as três mais comuns que encontrei:

1. A razão mais prevalente pela qual as pessoas estão acima do peso é porque sentem que deveriam estar porque todo mundo na família delas ou está acima do peso ou é obeso.
2. A segunda razão mais prevalente é a crença de que se elas estão acima do peso, estão seguras e protegidas. Assegure-se de liberar o programa "eu sou uma vítima" delas.

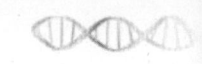

3. A terceira razão mais prevalente é que elas têm o que é chamado "o gene do sobrepeso", que é um interessante sistema de crença em si e de si mesmas. Para os nossos ancestrais, ter peso era frequentemente um sinal de riqueza, poder e prosperidade. Teste energeticamente a crença de que estar acima do peso é sinal de poder, de estar a salvo e de segurança.

Pessoas acima do peso e obesos podem desenvolver todos os tipos de sistemas de crença que podem ser de superação desafiadora. Alguns pensam que estar acima do peso não é culpa deles e jogam o "jogo da culpabilização". Alguns indivíduos estão acima do peso para agradar seus cônjuges em um nível subconsciente. Muitas pessoas, tanto homens quanto mulheres, pensam que, se seus cônjuges estão um pouco acima do peso, ninguém vai se interessar por eles e, portanto, não vão fugir com alguém, de modo que os cônjuges ganham peso para tranquilizá-los. A propósito, esse pensamento, na verdade, não impede as pessoas de fugir com alguém. Tenho visto indivíduos que estão acima do peso deixando relacionamentos com a mesma frequência que quaisquer outras. Descobri, no entanto, que um bom número de mulheres pensava que, se elas estivessem com sobrepeso, não trairiam seus maridos.

Eu mesma descobri que tinha medo de ser magra e ser casada com o Guy. Quando encontrei com ele pela primeira vez, Guy me contou que gostava de mulher com um pouco de carne nos ossos. E adicionei a carne! Eu não tinha medo de abalar meu relacionamento pelo sobrepeso. Por outro lado, quando comecei a me exercitar e a reduzir o peso, o medo de ser magra emergiu. Então escrevi algumas crenças das minhas sessões e algumas que surgiram quando comecei a fazer exercício, para outros usarem.

Acredito que a maioria das pessoas falha ao encontrar o peso perfeito por causa das crenças que bloqueiam o processo. Uma boa maneira de enfrentar isso é fazer uma lista das crenças, liberá-las e liberar quaisquer outras crenças que surgirem durante o processo.

Eu fui surpreendida pelas crenças que surgiram quando comecei a voltar para o meu peso normal. O que aconteceu foi que eu realmente fui bem por dois meses e daí achei que não queria continuar. É quando as questões começam a surgir. Talvez eu estivesse reduzindo peso rápido demais – com cada meio quilo que era liberado, antigos sentimentos surgiram e novos também. Era tudo demais, foi por isso que não quis continuar o processo. Isso quando era necessário fazer trabalho de crença comigo mesma.

Dado o que aconteceu comigo no passado, eu esperava ter que retirar ressentimentos. Após uma das minhas aulas na Austrália, uma senhora foi para casa, retirou todos os ressentimentos dela (enquanto estava na banheira) e emagreceu dois números de medida de calça. Então contei em uma aula em Utah que liberação de ressentimentos poderia liberar peso e outra senhora emagreceu dois números na medida de calça da mesma forma. Fiz a mesma coisa e não emagreci nada. Minhas questões não eram ressentimentos, mas algo a mais, especificamente gerações de tristeza e dor. Neste livro há exemplos de crenças que podem estar impedindo você não somente de encontrar seu peso perfeito, mas também de ser belo e forte.

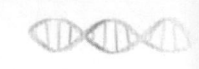

Com o trabalho de crença para liberação de peso, é importante procurar evitar programar as pessoas (ou a si mesmo) a "perder" o peso, porque, se você fizer assim, elas vão procurar por ele e encontrá-lo novamente.

Também é importante liberar pessoas com sobrepeso dos julgamentos que os outros estão fazendo sobre elas. Esses julgamentos podem provocar depressão nelas, especialmente se forem profundamente intuitivas. Programe-as com "cada mordida do alimento é cheia de amor e me satisfaço facilmente".

Cheque também os níveis genético e histórico por quaisquer crenças de "peso significa riqueza" e quaisquer questões com poder ou segurança. Com mulheres, particularmente, muitas dessas questões com que você vai se defrontar vão girar em volta de culpa, abuso, programas ancestrais de que sexo é vergonhoso e culpa por lidar com energia sexual. Esses aspectos precisam ser alterados e devolvidos em perspectiva. Se o chacra sexual não estiver aberto, pode ser difícil liberar peso.

Intuitivamente estimular a pituitária também é útil, já que ela pode liberar os hormônios para conter a obesidade.

CRENÇAS E GENÉTICA

Do ponto de vista do trabalho de crença, as questões sobre peso são provavelmente mais profundas do que o nível superficial (central) que aprendemos nesta vida. Elas podem ser tão profundas quanto os níveis genético e histórico. Assim como acontece com as crenças centrais, nas quais podemos continuar introduzindo o mesmo comportamento disfuncional e revivendo os mesmos cenários com certos tipos de pessoas, os mesmos problemas e situações repetitivas continuarão surgindo até que sejam resolvidos e possam ser executados em um nível genético também. Isso significa que as pessoas que estão entrando em nossas vidas podem estar imitando coisas com as quais nossos ancestrais já lidaram, mas não resolveram completamente.

Alguns alunos têm feito trabalho nas crenças centrais e acreditam que não têm mais crenças para trabalhar, embora ainda possa haver crenças genéticas que nunca foram resolvidas. Às vezes, sentar e avaliar os problemas de vida dos seus pais, bem como o que você sabe sobre a vida dos seus antepassados, podem ajudá-lo a resolver problemas com peso.

Essas questões parentais podem estar relacionadas aos eventos que aconteceram na vida de seus pais – o que eles não realizaram e/ou outras questões que nunca foram resolvidas. Se seus pais eram magros e você é pesado, é provável que esteja carregando várias questões que foram transmitidas por seus pais e não pelos ancestrais antes deles.

Por exemplo, acho que minha mãe jamais se perdoou por coisas que fez (e não fez) no passado. Ela procurou por um amor verdadeiro durante toda a sua vida, mas não encontrou.

Provavelmente isso aconteceu porque ela passava por momentos difíceis com os relacionamentos e, em algum momento, decidiu não se arriscar mais a ser machucada. Acho que o desejo de encontrar o amor foi passado para mim. Então, quando me apaixonei por Guy, foi como se estivesse realizando um desejo que minha mãe teve por toda a vida.

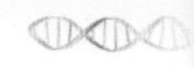

Perdoar a si mesmo pelo passado pode causar uma mudança significativa em você e na maneira como influencia seus filhos.

O que foi fascinante para mim foi observar as pessoas que fizeram nosso curso de ThetaHealing Relações Mundiais começarem a perder peso depois de trabalharem em problemas relativos a seus ancestrais. Elas estavam liberando preconceitos de gerações anteriores que não entendiam nem sabiam que tinham.

Precisamos entender que o DNA é muito mais complexo do que acreditamos. Ele contém memórias, sentimentos e lições que devem ser aprendidas.

A propósito, quando se trata de encontrar seu peso perfeito, estou supondo principalmente que o que você quer é ser magro. Em vez disso, sugiro que busque o objetivo de ser forte. Você está lutando contra vários programas genéticos quando se trata da palavra "magro". Pense nisto: a pessoa que está morrendo de fome é a que é magra. Quem não tem dinheiro geralmente está faminto e magro. Você poderia trabalhar o dia todo trabalhando nessas crenças antigas e modernas, ou poderia apenas dizer: "Eu sou forte". "Forte" para a maioria das pessoas significa "magro", mas são às conotações negativas de "magro" que a mente subconsciente vai se apegar.

CAMADAS DE CRENÇA

Eu acredito que este mundo é mais ilusório do que percebemos. Todos nós projetamos uma imagem para os outros. E acreditamos que somos a pessoa que olhamos no espelho, mas somos mesmo? O que vou fazer é mudar essa imagem para você, ao ensiná-lo a amar a si mesmo e a amar seu corpo para que ele se torne o que você deseja, em vez de ficar preso a determinado peso.

Portanto, a primeira parte do nosso programa é trabalhar as crenças que estão associadas a não ter o peso ideal.

Mais adiante, neste capítulo, há uma lista de crenças que você pode testar energeticamente e que podem estar impedindo-o de perder peso. Essa lista não contém todas as crenças que as pessoas têm sobre estar acima do peso. Os indivíduos querem ter sobrepeso por vários motivos – por tantas razões quanto querem ser magros. Eles também têm sistemas de crenças duais. A lista de crenças que ofereço aqui é apenas um guia para você começar e, como somos todos indivíduos diferentes, pode ser que elas sejam apenas a ponta do iceberg. Qualquer crença que faça você engordar pode ter muitas outras associadas a ela. Na verdade, é quando você começa a liberar peso que descobre as camadas, uma por uma.

Como eliminamos tantas camadas de crença? Um dos motivos é que não ganhamos peso de uma vez. Mesmo tendo demorado pouco tempo para ganhar o peso que ganhei, demorei meses para conseguir e houve muitos sentimentos ao longo do caminho! Cada vez que ganhamos peso, fixamos crenças no corpo físico e criamos uma camada de crença, bem como uma camada de peso. O ganho de peso deve, de fato, ser percebido como o ganho de camadas de crença. E ao contrário, quando liberamos o peso, uma camada é aberta, da mesma forma que uma cebola é descascada, e as crenças e as toxinas dentro dela são liberadas.

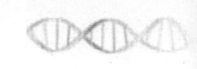

Então, quando você solta uma camada de peso físico, um problema surge, e assim por diante, até que cada camada e suas crenças subsequentes tenham sido liberadas. As camadas são diferentes para cada pessoa e podem se apresentar quando você perdeu um ou 20 quilos. Você pode ter perdido alguém próximo quando estava com um certo peso, por exemplo, e essa dor pode surgir quando você atinge o mesmo peso novamente. Isso acontece porque cada célula do seu corpo tem uma memória completa de tudo o que você vivencia, e isso inclui as células de gordura também.

Isso significa que algumas das nossas "questões de peso" podem não ser o que pensamos que são. É essa também a razão pela qual podemos perder, digamos, 4,5 quilos, virar e ganhá-los de volta em pouco tempo. Se não liberarmos as crenças e os sentimentos que estão associados ao peso físico nessa camada, vamos recuperá-lo. É por isso que o trabalho da crença é uma ajuda vital para liberar peso. Pode envolver algum questionamento psicológico, mas o tempo gasto nisso provavelmente será benéfico.

CRENÇAS E DOWNLOADS

A seguir, estão algumas crenças e downloads pertencentes ao trabalho de liberação de camadas de peso. Essas crenças podem não ter nada a ver com comida ou excesso de peso, quando a crença-raiz é encontrada em um processo de *digging*.

Teste energeticamente o cliente (ou você mesmo) e veja se ele (ou você) tem uma dessas crenças. Qualquer programa que tenha a ver com "estou acima do peso" ou "estou gordo" deve ser substituído. "Estou acima do peso" deve ser substituído por "Sou esguio e forte" ou "Sou saudável".

Você vai descobrir que as crenças sobre excesso de peso geralmente são transmitidas pelo menos ao nível genético. Em algumas tribos, especialmente tribos havaianas e algumas nativas americanas, a pessoa mais pesada era a mais poderosa. As crenças ocultas seriam:

- "Sou poderoso(a) quando estou acima do peso".
- "Devo ganhar peso para ser intuitivo".
- "Estou pesado(a)".

Certifique-se de testar esses programas no nível histórico.

Com a obesidade, sempre comece certificando-se de programar as pessoas (ou você mesmo) para que elas sejam fortes e, em seguida, comece a cavar para encontrar a crença-raiz.

Depois de testar as crenças neste capítulo, você deve investigar para ver até onde elas vão e encontrar a crença-raiz ligada a cada uma.

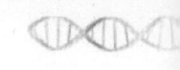

Relacionamentos

Teste energético para:

- "Se eu liberar peso, vou trair meu/minha cônjuge".
- "Se eu estiver pesado(a), vou evitar relacionamentos".
- "Estou acima do peso para evitar a atenção do sexo oposto".
- "Tenho medo de ser ferido(a) emocionalmente".
- "Tenho medo do amor".
- "Meu marido/esposa/parceiro(a) me quer assim".
- "Meu marido/esposa/parceiro(a) quer que eu continue pesado".
- "Estou acima do peso para não ser competitivo(a)".
- "Estou acima do peso para não intimidar os outros".
- "Estou acima do peso para poder ser levado(a) a sério".
- "Estou acima do peso para que eu seja amado(a) pela minha mente e não por meu corpo".
- "Eu odeio ser olhado(a) como um objeto sexual".

Se a resposta para qualquer uma das seguintes perguntas for "não", há trabalho de crença a ser feito:

- "Sou imune a qualquer raiva ou ciúme dos outros".
- "Estou ciente de que, assim que eu emagrecer, a perspectiva das pessoas sobre mim vai mudar".
- "À medida que mudo, posso ganhar mais respeito".
- "As pessoas me respeitam e me admiram".

- "Posso aceitar respeito dos outros com leveza e de maneira graciosa".
- "As pessoas ao meu redor podem me permitir melhorar".
- "Estou satisfeito(a) com a forma como trato os outros".
- "Trato os outros com gentileza e respeito".

Comida

Teste energético para:

- "Comida é ruim". (Se você testar "sim", há trabalho de crença a ser feito.)
- "Se eu perder peso, deixo de pertencer".
- "Comida é má."
- "Eu como menos." (Se você testar "não", há trabalho de crença a ser feito.)

Download:

- "Eu gosto da comida que como".
- "Eu gosto de fruta".
- "Eu gosto de vegetais crus".
- "Eu gosto de frutas e vegetais".
- "Eu aprecio bons alimentos proteicos".
- "Os tipos certos de comida me deixam feliz".
- "Eu assumo a responsabilidade pelo que como".
- "Eu gosto de comer menos".
- "Pequenas porções de comida são satisfatórias".
- "Gosto de tomar minhas vitaminas".
- "Gosto de beber água".

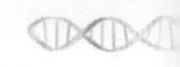

Exercício

Teste energético para:

- "Eu odeio exercícios".
- "Leva muito tempo para obter resultados com exercícios".
- "Exercício é doloroso".
- "Não tenho tempo para fazer exercícios".

Download:

- "Eu gosto de exercícios".
- "Eu me exercito todos os dias".
- "Exercício é meu amigo".

Peso

Teste energético para:

- "Estou muito velho(a) para liberar peso".
- "Se eu liberar peso, deixo de pertencer à minha família".

Download:

- "Estou disposto(a) a liberar o excesso de peso".

Beleza

Teste energético para:

- "Se eu for bonito(a), as pessoas vão pensar que sou superficial".
- "Se eu for atraente, as pessoas vão pensar que sou superficial".

- "Pessoas bonitas e bem torneadas são burras".

Download:
- "Ainda que eu seja bonito(a), as pessoas vão gostar de mim".

Magreza e resistência

Teste energético para:
- "Se eu for esbelto(a) e forte, terei inveja dos outros".
- "Se eu for esbelto(a) e forte, os outros ficarão com inveja de mim".

Download:
- "Eu sei viver sem medo da mudança".
- "Mudar é bom".
- "Posso ser esbelto(a) e forte se quiser".
- "Ainda que eu seja magro(a) e forte, as pessoas vão me amar pelo que sou".
- "Eu me vejo como atraente e esbelto(a)".
- "O espelho é meu amigo".

DOWNLOADS DE CRENÇAS E SENTIMENTOS

Mente, corpo e alma

- "Eu sou esbelto(a) e atraente."
- "Estou perto de Deus num corpo forte e saudável."
- "Quanto mais forte me torno, mais perto de Deus eu fico."

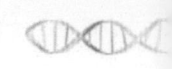

- "Deus me ama, seja qual for a minha forma."
- "Eu amo meu corpo."
- "Meu corpo está energizado."
- "Meu corpo economiza energia."
- "Meu corpo é forte."
- "Meu corpo fica mais forte a cada dia."
- "Meu corpo entende como regular meus açúcares."
- "A cada dia que passa, os sistemas do meu corpo ficam mais fortes."
- "Eu sou jovem."
- "Eu sou forte."
- "Quanto mais forte sou, mais amável sou."
- "Eu posso ser forte."
- "Eu gosto de me exercitar diariamente."
- "Eu me sinto bem comigo mesmo(a)."
- "Eu sou importante."
- "Estou confiante sobre liberar peso."
- "Eu sou paciente comigo mesmo(a)."
- "Estou calmo(a) e controlado(a)."
- "Eu sou incrível."
- "Eu sou brilhante."
- "Tudo o que fiz na minha vida tem importância."
- "Eu gosto de quem eu sou."
- "Eu tenho orgulho da minha vida e de como a vivi."
- "A Terra pode me deixar melhorar."
- "Eu sou cheio(a) de energia e força."
- "Eu uso as minhas palavras com sabedoria."
- "Eu respiro o sopro da vida."

- "Quando estou cansado(a), encontro energia do sopro da vida."

Comida

- "Eu sei quando estou satisfeito(a)."
- "Eu sei como parar quando como."
- "Eu sei como comer menos."
- "Eu sei como me nutrir sem comer demais."
- "Eu entendo o que é comer menos."
- "Eu entendo a definição de comer certo."
- "Eu sei que é possível comer certo."
- "Eu sei que é possível comer menos."
- "Eu entendo o que é comer certo."
- "Eu sei como comer bem."
- "Eu sei como viver meu dia a dia comendo certo."
- "Eu conheço a perspectiva do Criador de Tudo O Que É de comer certo."
- "Eu sei como viver meu dia a dia comendo alimentos saudáveis."
- "Eu sei quando preciso comer."
- "Eu entendo como é comer alimentos que são bons para o meu corpo."
- "Eu sei como absorver nutrientes dos alimentos."
- "Eu sei como comer bons alimentos, suplementos de vitaminas e minerais, sem impactar meu corpo."
- "Eu sei quando meu corpo precisa de energia."
- "Eu sei como cuidar do meu corpo."
- "Eu sei como viver meu dia a dia sem comer demais."

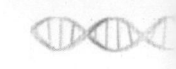

- "Eu sei como valorizar e cuidar do meu corpo com dignidade."
- "Eu sei como continuar e tomar vitaminas e suplementos que são bons para mim."
- "Eu sei como me comunicar com meu corpo a partir da perspectiva do Criador."

Beleza

- "Eu entendo a definição de beleza por meio do Criador de Tudo O Que É."
- "Eu entendo como é ser belo(a)."
- "Eu sei como viver meu dia a dia em beleza."
- "Eu conheço beleza por meio do Criador de Tudo O Que É."
- "Eu sei que é possível ser belo(a)."
- "Eu sei como ser belo(a)."
- "Eu entendo a definição de ser atraente e magro(a)."
- "Eu entendo como é ser atraente."
- "Eu sei que é possível ser atraente e magro(a)."
- "Eu me sinto seguro(a) em um relacionamento."
- "Eu me sinto seguro(a) com os outros."

Liberação de peso

- "Eu entendo como é emagrecer diariamente."
- "Eu entendo o que é se exercitar."
- "Eu sei como me exercitar com responsabilidade."
- "Eu entendo como é substituir comer por me exercitar."

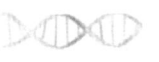

- "Eu entendo como me sentir bem a respeito de mim mesmo(a)."
- "Eu sei como viver meu dia a dia sem comer demais."
- "Eu sei como viver meu dia a dia sem ser desencorajado(a) com relação ao meu peso."
- "Eu entendo a definição de liberação de peso."
- "Eu sei como liberar excesso de peso."
- "Eu sei como me exercitar."
- "Eu entendo o que é reduzir peso."
- "Eu sei como reduzir peso."
- "Eu sei como viver meu dia a dia me exercitando."
- "Eu sei que é possível me exercitar."
- "Eu entendo o que é me exercitar."
- "Eu sei como viver meu dia a dia sem me expor a substâncias tóxicas."
- "Eu sei como reconhecer minhas próprias necessidades físicas."
- "Eu sei o que é ser energizado(a) e aceito(a)."
- "Eu sei como controlar meus humores quando me sinto cansado(a)."
- "Eu sei quando estou ficando cansado(a)."
- "Eu entendo como me sentir bem a respeito de mim mesmo(a)."
- "Eu sei como utilizar a força vital da melhor e mais elevada maneira."

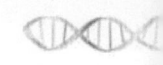

Saúde

- "Eu entendo a definição de saúde do Criador de Tudo O Que É."
- "Eu entendo o que é ser saudável."
- "Eu sei como ser saudável."
- "Eu sei que é possível ser saudável."
- "Eu sei como viver meu dia a dia em saúde."
- "Eu conheço a perspectiva de saúde por meio do Criador de Tudo O Que É."

SESSÕES DE TRABALHO DE CRENÇA

Alguns dos medos que podem surgir quando você emagrece referem-se a que você pode se tornar o que odiou por muitos anos. Muitas pessoas que têm sobrepeso odeiam indivíduos magros, atraentes e têm medo de que, se elas emagrecerem, serão odiadas também. Elas acham que pessoas atraentes são superficiais e ficam com receio de se tornarem superficiais se ficarem mais interessantes. Elas têm medo de que sua personalidade se altere, de que a atitude daqueles que estão à sua volta mude e de que elas percam o que aprenderam. Elas também pensam que suas famílias não vão mais aceitá-las se emagrecerem.

A pessoa com sobrepeso tem de chegar à conclusão de que esse receio da perda é apenas um medo e não uma realidade. É verdade que alguns indivíduos mudam quando a aparência deles se modifica, mas isso não precisa acontecer. A sessão de trabalho de crenças a seguir é um bom exemplo dos medos envolvidos neste cenário.

Trabalho de crença: o que vai acontecer quando eu emagrecer?

Esta sessão é com uma jovem com sobrepeso.

Vianna: "Quero que você se vislumbre no futuro. Quero que você se veja mais magra, para ver como deseja que sua vida seja e para ver o que vai acontecer".

Cliente: *"Estou feliz com meu peso do jeito que está – pelo menos não estou insatisfeita com meu peso. Estou realmente feliz do jeito que sou. Sou orgulhosa das minhas realizações e tenho feito muito na minha vida. Estou confortável com quem sou. Se eu emagrecer, vou encontrar alguém e vou ter de estar em um relacionamento, porque é isso o que acontece quando você emagrece".*

Vianna: "Espere um minuto – você disse que queria emagrecer e agora está dizendo que é feliz com seu peso".

Cliente: *"Bem, acho que preciso emagrecer, mas para minha saúde, não para um homem".*

Vianna: "Ok, vamos conversar sobre por que você não vai emagrecer por um homem. O que você quer dizer?"

Cliente: *"Bem, se eu ficar mais magra, minha família vai esperar que eu encontre um marido, e se eu encontrar um marido, terei que ser diferente – terei de me tornar outra pessoa".*

Vianna: "Então, deixe-me ver se entendi: se você emagrecer, terá que encontrar um homem. Você não quer encontrar um agora?"

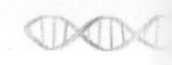

Cliente: *"Não. Se eu encontrar um homem agora, ele não vai me querer como sou".*

Vianna: *"Você não gostaria que alguém se sentisse atraído por você?"*

Cliente: *"Bem, acho que sim".*

Vianna: *"Tudo bem, vamos começar tudo de novo. Você quer perder peso, correto?"*

Cliente: *"Sim".*

Vianna: *"O que vai acontecer se você perder peso?"*

Cliente: *"Minha mãe vai ficar com ciúmes, minha irmã vai ficar com raiva e vou ter de mudar minha vida".*

Vianna: *"Por que você vai ter que mudar de vida?"*

Cliente: *"Porque vou ficar mais magra, daí vou ter de namorar novamente".*

Vianna: *"Você tem medo de namorar?"*

Cliente: *"Os últimos relacionamentos não deram certo".*

Vianna: *"O que isso significa?"*

Cliente: *"Eu os amei e eles me deixaram, então simplesmente não quero mais namorar".*

Vianna: *"Ok, você não quer entrar em um relacionamento".*

Cliente: *"Bom, quero alguém, mas não realmente. Todo mundo pensa que tenho de estar com alguém".*

Vianna: *"Você sabe o que é ser amada por quem você é?"*

Cliente: *"Bem, eles diziam que me amavam, mas quando descobriam quem eu realmente era, eles não me amavam mais".*

Vianna: *"Foi isso o que aconteceu?"*

Cliente: *"Acho que sim. Mas não sei, na verdade".*

Vianna: *"Você gostaria de saber como é amar alguém e deixar alguém amar você?"*

Cliente: *"Sim, gostaria".*

Vianna: *"Permita-me fazer o download de como é ser amada e deixar alguém amar você. Agora, você me dá a permissão para lhe ensinar que você pode perder peso e ficar confortável consigo mesma? Que você pode demorar para entrar em um relacionamento, se quiser?*

Cliente: *"Sim, é isso o que eu realmente quero. Não quero sentir que tenho que estar com alguém".*

Vianna: *"Ok, então vamos trazer a sensação e o conceito dessas coisas. Agora, se você tivesse alguém que realmente a amasse pelo que é, o que aconteceria com você?"*

Cliente: *"Não sei. Eu realmente não sei quem sou".*

Vianna: *"Você gostaria de conhecer a si mesma?"*

Cliente: *"Bem, eu sei quem devo ser – minha mãe me diz quem devo ser, minha irmã me diz quem devo ser e meu irmão também".*

Vianna: *"Você gostaria de saber que pode criar quem quer ser?"*

Cliente: *"Sim, quero fazer isso."*

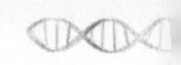

Vianna: "Você gostaria de saber que pode ser magra, linda e forte?"

Cliente: *"Sim. Eu quero ser forte, mas tenho medo de ser magra".*

Vianna: "O que vai acontecer se você for magra?"

Cliente: *"Não sei – nunca fui magra de verdade".*

Vianna: "Gostaria de saber que está pronta para fazer uma mudança e que pode ser magra, bonita, saudável e forte?"

Cliente: *"Sim, quero ser essas coisas, mas gosto de minha aparência. Eu não me odeio, mas acho que estou gorda".*

Vianna: "Você acha que precisa perder peso?"

Cliente: *"Acho que preciso perder alguns quilos".*

Vianna: "Bem, quanto você quer perder?"

Cliente: *"Não seria ruim se eu perdesse, você sabe, 25, 30 quilos".*

Vianna: "É isso que você quer perder?"

Cliente: *"Bom, gostaria de saber como é ser realmente bonita e magra. Mas se eu for bonita e magra, não serei mais eu".*

Vianna: "O que a faz pensar que não você não será você?"

Cliente: *"Porque vou mudar. Todas elas mudam. Quando ficam bonitas, todas mudam".*

Vianna: "Você gostaria de saber que pode ficar bonita e ser a pessoa que deseja ser?"

Cliente: *"Sim, eu gostaria".*

Vianna: "Eu tenho a permissão para verificar se você sabe o que é ser bonita, como ser bonita, e que é permitido para você ser bonita e ainda assim ser quem você é?"

Cliente: *"Sim, tem".*

Vianna: "Você gostaria de saber que é adorável e desejável?"

Cliente: *"Sim, gostaria".*

Vianna: "Você gostaria de saber que pode estar confortável e se tornar a pessoa que quer ser?"

Cliente: *"Sim, gostaria".*

Eu faço download dos sentimentos e sabendo o que discutimos, faço teste energético para ver se ela está pronta para liberar algum peso.

Ela testa positivo, está pronta para liberar peso, então eu a faço visualizar como é ser magra e forte.

Novamente ela traz a frase: "Minha irmã e minha mãe vão ficar com raiva de mim".

Esse fato poderia ser verdadeiro, de modo que não posso programar que isso não vai acontecer com ela. Em vez disso, baixo o download de que "Está tudo bem em ser magra e forte e, ainda assim, ser amada". Também baixo o download de que "Eu não tenho de ter sobrepeso para ser parte da minha família".

Já fizemos trabalho de crença o suficiente para começar a emagrecer? Há mais trabalho de crença a ser feito?

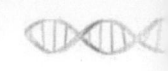

Claro que há, mas isso virá depois de ela ter liberado sua tristeza com o canto do coração.

Essa sessão de trabalho de crença também abordou a questão de ser amada por quem você é. Eu amo as mulheres metafísicas que dizem: "Quero alguém que me ame por mim". Bem, o parceiro em potencial pode amá-la por quem você é agora, ou ele pode amá-la quando você estiver mais magra. E você pode amar a si mesma se for mais magra, ou não!

Para alguns, a liberação de peso é uma mudança que transforma vidas. Para outros, não. Depende muito da motivação e do sistema de crenças da pessoa que deseja perder peso.

Por exemplo, conheci uma mulher que ficou com sobrepeso por causa de diversos partos durante vários anos. Um dia, ela decidiu que estava cansada de viver acima do peso e resolveu fazer uma operação de "grampo estomacal". Quando ela me disse que ia fazer a cirurgia, fiquei preocupada, porque sabia que o procedimento poderia ser perigoso. Frequentemente, as pessoas que fizeram têm que tomar injeções de vitamina B pelo restante da vida para ter certeza de que estão absorvendo nutrientes suficientes.

Apesar disso, a mulher foi em frente com a cirurgia e, durante o período de um ano, ela perdeu muito peso e teve de tirar toda a pele que sobrou.

Ela perdeu tanto peso, na verdade, que ficou com seios pequenos, então "entrou na faca" de novo e colocou prótese mamária. Ela contraiu uma infecção nessa operação e ficou muito doente por um tempo.

Depois de cerca de um ano dessa odisseia, ela finalmente foi curada e terminou com as cirurgias, mas não conseguia mais comer muito nem beber refrigerante.

Quando ela terminou, tinha o corpo de uma mulher de 20 anos e um rosto que parecia o de uma pessoa enrugada de 90 anos por causa da quantidade de gordura que havia sumido. Eu não a conhecia mais! Seu corpo também não se ajustou bem à mudança – era como se alguém tivesse espetado um alfinete em um balão e deixado todo o ar sair.

Enfim, assim que a mulher ficou magra e se sentiu diferente consigo mesma, o que você acha que ela fez? Começou a ficar ressentida e cruel com o marido com quem estava desde a faculdade.

"Você tem sido mau comigo todos esses anos", disse ela, "e nós somos ricos agora, então vou pegar metade do dinheiro e ir embora". E assim ela fez.

Então, qual foi a motivação por trás de sua liberação cirúrgica de peso? Era para ficar magra e deixar o marido ou era um programa subconsciente no qual a mulher estava agindo sem saber? Nunca saberemos com certeza, ela também não.

É claro que a maioria das pessoas não vai querer esse tipo de cirurgia. E grande parte dos médicos só vai realizar essas operações se acreditar que os benefícios são maiores do que os riscos. Essa mulher em particular era um caso extremo. A moral da história dela é que, se você quiser liberar peso, solte-o em um ritmo que seja saudável para você. Quando você começa a se exercitar, pode descobrir que está liberando cerca de um quilo em determinado dia, mas pode perder apenas sete quilos por mês. Isso permitirá que seu corpo e o mundo ao seu redor se ajustem à mudança. Sua mente subconsciente também pode acompanhar as mudanças e você pode ter uma redução de peso saudável, em vez de uma perda nociva.

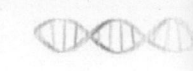

O que a maioria das pessoas precisa fazer é abordar suas crenças para que o subconsciente delas possa mudar a maneira com a qual elas percebem a si mesmas – para uma forma confortável!

Aqui está outro exemplo de como as crenças subjacentes podem afetar o peso... e os relacionamentos.

Trabalho de crença: ciúme

Esta sessão é com uma jovem com sobrepeso.

Vianna: *"Você quer perder algum peso?"*

Cliente: *"Sim. Quero ser magra e forte, do jeito eu era".*

Vianna: *"Tudo bem, quero que feche os olhos, respire fundo e visualize como é ser forte, magra e saudável".*

A cliente começa a se contorcer em sua cadeira.

Cliente: *"Isso é ótimo! Eu me sinto bem".*

Vianna: *"Ok. Como o mundo vai tratá-la quando você for magra, forte e saudável?"*

A cliente fica muito desconfortável.

Cliente: *"Terei de fazer tudo de novo".*

Vianna: *"Fazer o que de novo?"*

Cliente: *"A coisa do ciúme. Meu marido vai pensar que vou fugir com alguém e vamos começar toda essa coisa de ciúme de novo".*

Vianna: *"Que coisa de ciúme?"*

Cliente: *"Ele fica com raiva quando estou bonita e forte e fica inseguro. Ele acha que vou deixá-lo e temos essas brigas terríveis. É horrível. Então, não acho que quero ser magra, apenas forte e saudável".*

Vianna: "Tudo bem. Quero que você se visualize forte e saudável".

Cliente: *"É errado ele fazer isso comigo".*

Vianna: "Você gostaria de saber que pode ser forte sem causar esse ciúme?"

Cliente: *"Oh, é impossível! Ele está sempre com ciúmes, e se eu fosse forte, isso só pioraria as coisas".*

Vianna: "Você gostaria de ter noção de como é saber que você é leal, que tudo está claro e bem, e que você pode resolver essas coisas com ele?"

Cliente: *"É ridículo. Eu não consigo resolver essas coisas. Ele é sempre assim".*

Vianna: "Há quanto tempo ele está assim?"

Cliente: *"Não sei exatamente. Ele era assim quando nos conhecemos".*

Vianna: "Há quanto tempo vocês estão juntos?"

Cliente: *"Estamos juntos há 15 anos".*

Vianna: "Ele te ama?"

Cliente: *"Sim. Ele me ama".*

Vianna: "Ele confia em você?"

Cliente: *"Ele confia em mim agora que estou acima do peso".*

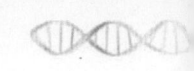

Vianna: "Pergunte a seu marido se ele vai confiar em você se você for esbelta".

Cliente: *"Ok, vou perguntar".*

Vianna: "Você gostaria que eu mostrasse que você pode ser esbelta e leal?"

Cliente: *"Ok".*

Vianna: "Por curiosidade, você o trairia ou o deixaria se fosse mais leve?"

Cliente: *"Talvez".*

Vianna: "Você me dá a permissão para lhe mostrar que pode ser leal e forte mesmo se você liberar peso?"

Cliente: *"Ok".*

Um trabalho de crenças como este pode auxiliar durante todo o processo de encontrar o seu peso ideal. Utilizar o trabalho de crença conforme você se move em direção ao seu peso perfeito tornará o processo mais suave. Isso vai ajudá-lo a lidar com quaisquer sentimentos que surgirem e com as razões pelas quais se ganhou ou se perdeu peso.

Capítulo 4

Liberação de Peso – Passo 2: Suplementos Sugeridos para uma Liberação de Peso Suave

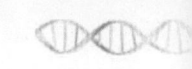

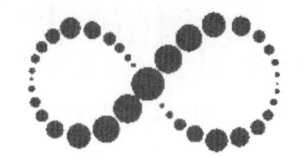

Quando você começar a liberar peso, sugiro que use os suplementos a seguir para ajudar a fornecer energia de reposição para o peso que logo vai desaparecer. Eu sei que muitas pessoas não gostam de tomar suplementos, mas esses que estou sugerindo aqui não só lhe darão energia, mas também vão ajudá-lo a superar o ponto de crise quando você começar a se exercitar.

CRISE? QUE CRISE?

Quando você começa uma rotina de exercícios, muitas coisas podem ser estimuladas e liberadas na sua corrente sanguínea, incluindo substâncias residuais. Seu corpo é projetado para retirar produtos residuais regularmente, mas quando mais resíduos são produzidos (ou colocados no corpo) do que podem ser eliminados, essas toxinas em excesso são encapsuladas pelas células de gordura para neutralizá-las. Substâncias residuais de leveduras e metais pesados, por exemplo, podem ser encapsuladas nos tecidos adiposos do corpo. Então, quando você se exercita e atinge o ponto em que está queimando gordura, está liberando essas toxinas em seu sistema novamente. Se isso acontece muito rápido, você começa a se sentir cansado, seus músculos doem e pode ter uma infinidade de outros sintomas, dependendo da toxina que está sendo liberada no corpo.

O que acontece quando você decide fazer exercícios todos os dias? Normalmente, no fim do primeiro dia, você diz a si mesmo: "Ei, consegui! Isso não foi tão ruim!"

No fim do segundo dia, você diz para si mesmo: "Ok, estou um pouco dolorido, mas não é tão ruim".

Já no fim do terceiro dia: "Eu não queria fazer exercício, mas fiz! Só que agora estou cansado, meus músculos estão doloridos, não me sinto bem e estou realmente com dor...".

Quando chega a hora dos exercícios no quarto dia, você diz a si mesmo: "Estou cansado, estou com dores por toda parte e acho que tenho que descansar esta noite! Fiz exercício o suficiente!"

O que está acontecendo no corpo é que as toxinas são liberadas no sistema pelas células de gordura, sobrecarregando o fígado e fazendo você se sentir cansado. Então, o corpo envia a única mensagem que pode para o cérebro, que é: "Pelo amor de Deus, você está louco? Pare de se exercitar já!"

O cenário todo é um paradoxo, porque quanto mais você se exercita, melhor seus músculos podem liberar a cortisona que o corpo precisa para aliviar a dor e torná-lo mais forte, mas porque está se exercitando, o corpo é sobrecarregado por toxinas e você se sente péssimo, portanto, antes que os músculos possam assumir o controle e fazer seu trabalho, você para de se exercitar.

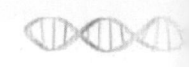

SUPLEMENTOS

Os suplementos podem ajudar. Uma das razões para isso é psicológica: muitas pessoas preferem tomar parte ativamente da sua própria cura e, se não acreditam que uma cura pode funcionar instantaneamente, muitas vezes vão acreditar que um suplemento pode resolver o problema. Dessa forma, alguns indivíduos se dão muito bem com suplementos.

Alguns suplementos afetam o corpo imediatamente, e os efeitos podem ser vistos de 30 minutos a três horas (isto é, se você precisar do suplemento). Com a pele, no entanto, pode demorar cerca de três semanas para ocorrer uma mudança.

Se você está tomando suplementos e não está se sentindo nem um pouco melhor, ou não está vendo nenhuma mudança, provavelmente seu corpo não está metabolizando-os corretamente e/ou você desistiu da ideia de usá-los como primeira opção de tratamento. Na nossa sociedade preocupada com a saúde, a maioria das pessoas tem armários cheios de vitaminas e suplementos que experimentaram ou estão usando atualmente. Isso faz com que alguns dos suplementos que estou sugerindo seja de venda agressiva, pelo menos para algumas pessoas. Também estou ciente de que existem indivíduos que não têm disciplina para tomar suplementos todos os dias. Há também aqueles que acreditam que devem obter sua nutrição toda proveniente dos alimentos e, por isso, relutam em tomar suplementos.

O principal problema de tomar suplementos, entretanto, é a continuidade. Quando eu buscava perder peso, guardava um frasco de suplemento em casa e outro no trabalho, então, se esquecesse de tomar o suplemento pela manhã em casa, poderia tomar no trabalho.

SUPLEMENTOS SUGERIDOS PARA LIBERAÇÃO DE PESO

Aqui estão alguns suplementos que podem ser úteis no seu programa de liberação de peso. Eles vão ajudar na eliminação das toxinas físicas que podem ser liberadas com o peso.

1. Molibdênio, ômega 3, vinagre de maçã e ácido alfa-lipoico são todos indispensáveis.
2. O segundo grupo de suplementos mais importantes é a lecitina, resveratrol e aminoácidos.
3. DHEA, vitamina E, extrato de grapefruit, suco de cacto e noni são opcionais.

Cuidado! Se você decidir usar suplementos adicionais, observe que muitas das ervas que beneficiam os obesos podem ser perigosas. Esses suplementos colocam tensão sobre os órgãos do corpo, porque têm uma forma de cafeína neles. Por exemplo, a éfedra (ma hung) estimula o coração a bater mais rápido e com mais força. Alguns fitoterapeutas combinam a éfedra com o guaraná e, embora isso tenha ajudado algumas pessoas a perder peso, também causou algumas mortes.

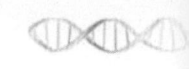

1. Suplementos essenciais

Molibdênio

O molibdênio pode impedir o acúmulo de fungo. Ele requer menção especial no que se refere à liberação de peso. Uma superabundância de fungo pode contribuir para asma, fraqueza, dores de cabeça, fadiga e, por último, mas não menos importante, ganho de peso!

Quando as pessoas são muito críticas ou ressentidas consigo mesmas ou com os outros, podem ter problemas com fungos. Os antibióticos podem causar infecções fúngicas. Fungos no cólon afetam os seios da face.

Intuitivamente, o fungo parece uma energia empoeirada, nebulosa ou turva no corpo. Descobri que muitas pessoas com sobrepeso têm uma grande quantidade de fungos no organismo.

O fungo cria acetaldeído, que é um produto residual. Decomposto no corpo lentamente, pode acabar armazenado nas células de gordura. À medida que as pessoas começam a perder peso, há uma mortandade de fungos e o acetaldeído será liberado no corpo. O fígado pode ficar sobrecarregado e ter dificuldade em eliminar a toxina do sistema. O acetaldeído pode entrar no cérebro, na corrente sanguínea, nas articulações e nos pulmões e prejudicar a memória. Portanto, a primeira coisa que o corpo faz é enviar a mensagem ao cérebro para parar de se exercitar!

Um suplemento de molibdênio é muito benéfico aqui, pois ajuda a eliminar o acetaldeído do sistema, transformando-o em ácido úrico. Uma sugestão é usar 0,3 mg inicialmente, mudar para 0,5 mg por alguns meses e, em seguida, interromper o uso e considerar utilizá-lo novamente mais tarde. O molibdênio vai manter sua mente limpa e evitar confusão mental, além de permitir que o acetaldeído seja eliminado do corpo.

O fungo é atraído e mantido por problemas de raiva e ressentimento, então faça os downloads:

- "Eu sei o que é estar em um ambiente de amor".
- "Eu sei o que é ser valorizado".
- "Eu sei como viver minha vida sem me ressentir com os outros e comigo mesmo".
- "Eu sei o que é entender o que uma pessoa pensa e sente".
- "Eu sei que é seguro ver intuitivamente no corpo".
- "Eu sei o que é testemunhar mudanças intuitivas em leveduras e fungos".

Não é aconselhável comandar intuitivamente que todos os fungos no corpo de uma pessoa morram. O corpo precisa de uma certa quantidade de fungo para funcionar, então consulte seu médico antes de tomar molibdênio.

O fungo anseia por açúcares, e uma abundância de açúcares é do que ele precisa para sobreviver no corpo. Portanto, as pessoas com problemas de fungos devem considerar uma dieta alcalina, porque isso vai privar o fungo de açúcares.

Ômega 3

Para ajudar a liberar peso, é muito importante tomar ácidos graxos ômega 3 todos os dias, pois eles ajudam a decompor a forma ruim do colesterol. É importante entender que você precisa ter colesterol para sobreviver. O que acontece é que as pessoas costumam comer muita carne e frituras e, daí, têm mais colesterol ruim do que bom.

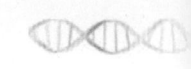

Ômega 3 também nos incentiva a usar serotonina, o que melhora o humor. Assim, o ômega 3 vai evitar que você fique deprimido enquanto se exercita e que seus níveis hormonais subam e desçam.

O ômega 3 também pode ajudar a manter a pele e o cabelo saudáveis.

A maioria do ômega 3 que você compra na loja vem do óleo de peixe. Ele vem do oceano e pode conter mercúrio, portanto, outras fontes também devem ser consideradas. Os abacates são ricos em ômega 3, assim como o arroz selvagem, nozes, óleo de canola (óleo de colza), linhaça, soja e outros alimentos.

Ômega 3 (e um pouco 6) também está no óleo de linhaça. O óleo de linhaça vem das sementes da planta *Linum usitatissimum*, que é uma fonte muito rica em ácido alfa-linolênico. A dieta mediterrânea é rica em ácido alfa-linolênico, e parece reduzir o risco de doença arterial coronariana e certos tipos de câncer.

Foi indicado em estudos que o óleo de linhaça pode ajudar na arteriosclerose, auxiliar a prevenir ataques cardíacos e derrames e aliviar os sintomas da artrite. Também pode ser benéfico com alguns tipos de câncer.

Alguns avicultores começaram a alimentar suas galinhas com uma dieta rica em semente de linhaça, aumentando os ácidos graxos ômega 3 nos ovos, a ponto de serem oito a dez vezes maiores do que os encontrados em ovos comuns. Esse novo tipo de pensamento holístico finalmente alcançou nossos agricultores!

No que diz respeito à liberação de peso, a gordura boa do óleo de linhaça ajuda a converter a gordura ruim dos alimentos e a gordura que ainda está em seu corpo. É usado no tratamento do endurecimento das artérias, e pode beneficiar o coração e embelezar a pele.

Diz-se que uma colher de sopa de óleo de linhaça com queijo cottage produz interferon, que estimula o sistema imunológico.

O óleo de linhaça contém uma pequena quantidade de ômega 6, então mulheres com certos tipos de câncer e as que já tiveram câncer devem consultar seus médicos antes de usá-lo. O ômega 6 do óleo de linhaça pode atrasar a menopausa em algumas mulheres.

É sempre melhor evitar que seus óleos fiquem rançosos, mantendo-os refrigerados sempre que possível.

Vinagre de maçã

O vinagre de maçã é feito de maçãs maduras que são fermentadas e passam por um processo rigoroso para criar o produto final. O vinagre contém uma série de vitaminas, betacaroteno e pectina, além de minerais vitais como potássio, sódio, magnésio, cálcio, fósforo, cloro, enxofre, ferro e flúor. Todos os benefícios para a saúde do vinagre de cidra de maçã orgânico são atribuídos à presença desses nutrientes.

Para obter todos os benefícios, certifique-se de usar somente a versão natural e orgânica de vinagre de cidra de maçã. O vinagre tem uma cor marrom e a "parte principal" do suplemento fica flutuando no fundo.

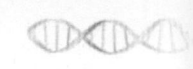

O vinagre de maçã contém uma quantidade significativa de pectina, e isso ajuda a regular a pressão arterial e a reduzir o colesterol ruim no corpo.

O vinagre de maçã também contém potássio, por isso é usado no tratamento de uma série de doenças, incluindo queda de cabelo, unhas fracas, dentes quebradiços, sinusite e coriza permanente.

O betacaroteno no vinagre de maçã pode ajudar a retardar os danos causados pelos radicais livres, ajudando a manter uma pele mais firme e aparência jovem.

Alega-se que o vinagre de maçã é útil em doenças como prisão de ventre, dores de cabeça, artrite, ossos fracos, indigestão, colesterol alto, diarreia, eczema, dor nos olhos, fadiga crônica, intoxicação alimentar leve, queda de cabelo, pressão alta e obesidade, além de muitas outras. É bom para quem quer liberar peso, já que pode ajudar a facilitar a redução de peso, auxiliando na quebra de gordura.

Diz-se que a melhor hora para beber esse vinagre é logo de manhã. Uma sugestão é misturar duas colheres de sopa de vinagre de maçã e mel em um copo d'água e beber.

O vinagre de maçã ajuda a manter o sistema linfático limpo e é tão importante quanto o ômega 3 em um programa de redução de peso. Uma colher de chá num copo d'água todos os dias ajudará a limpar o sistema linfático enquanto você estiver perdendo peso.

Você pode usar vinagre de maçã pelo tempo que quiser, uma vez que os benefícios gerais para a saúde foram documentados por mais de um século no setor alternativo. No entanto, o uso prolongado não é recomendado, uma vez que o vinagre de maçã é nocivo para o esmalte dos dentes. Um regime de três meses sim e três meses não é o melhor.

Ácido alfa-lipoico (ALA)

O ácido alfa-lipoico ajuda você a se manter forte e auxilia o fígado na produção de glutationa, um aminoácido que ajuda a retirar as toxinas do corpo e fornece energia. Isso funciona da seguinte forma: as mitocôndrias na célula retêm toda a energia dela, que é chamada de ATP. Elas liberam o ATP quando precisamos de energia. No entanto, quando o ATP é liberado, uma pequena quantidade de oxigênio também é liberada, como um produto residual. Isso é chamado de radical livre. O oxigênio pode ser danoso para o corpo se não estiver no contexto certo. Portanto, para combater os efeitos negativos dos radicais livres, o corpo associa antioxidantes a eles. O ALA ajuda a produzir antioxidantes.

O ALA também se mostrou eficaz em ajudar as pessoas com diabetes, pois pode auxiliar a manter os níveis de glicose no sangue.

ALA está disponível em fontes vegetais e animais. Eu sugiro usá-lo nas primeiras semanas do seu programa de redução de peso – ou talvez pelo restante da sua vida! Deve ser tomado com óleo de linhaça. Ele atua como um transportador, garantindo que o ALA seja absorvido pelas células.

2. Suplementos importantes

Lecitina

A lecitina é um lipídio composto por colina e inositol. É um dos principais componentes das membranas celulares. É um ácido graxo ômega 6 e tem muitas funções, entre as quais está controlar o número de nutrientes que fluem para dentro e para fora das células.

A lecitina existe naturalmente em grãos de soja, levedura, amendoim, peixe e gemas de ovos. É um ingrediente ativo em muitos suplementos para emagrecer, em pó, em comprimidos ou como ingrediente principal em alguns *shakes*, mas há poucas comprovações científicas de que ajude. No entanto, há documentação que apoia a teoria de que a presença de lecitina na corrente sanguínea pode ajudar a prevenir a aterosclerose e doenças cardíacas. É a capacidade da lecitina de ajudar a manter a gordura no solvente sanguíneo a razão das reivindicações de que o consumo de produtos contendo soja diminui as chances de desenvolver enfermidades cardíacas. A lecitina contida na maioria dos suplementos tem sua origem nos grãos de soja.

A lecitina beneficia todo o seu corpo. Ela mantém as artérias abertas, ajuda os homens a manter a energia elevada e aumenta o desejo sexual. É benéfica para veias e artérias, mas não é uma necessidade em um plano de redução de peso. Pessoas com qualquer forma de câncer devem consultar seu médico antes de usá-la.

Resveratrol

O resveratrol é uma substância que está presente em algum grau na maioria das plantas, mas está mais concentrada nas videiras. É mais alta no vinho tinto do que no branco. Isso se deve ao fato de que tanto as cascas quanto as sementes das uvas são utilizadas no preparo do vinho tinto. No vinho branco, apenas o suco é usado. O resveratrol é considerado um dos fatores responsáveis pelo paradoxo francês, que é a descoberta de que as doenças coronarianas são menos prevalentes na França, onde o vinho tinto é mais frequentemente bebido do que em outros países industrializados.

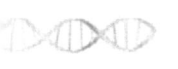

O resveratrol é usado em remédios à base de ervas em todo o mundo. Além de proteger o sistema cardiovascular, acredita-se que pode proteger contra o câncer.

Suplementos de resveratrol são feitos de vinho tinto e têm um gosto realmente bom! A razão pela qual sugiro tomá-los é porque, se você quer perder peso rapidamente, precisa ter certeza de que tem muitos antioxidantes e um sistema cardiovascular saudável. O resveratrol também ajuda a desintoxicar o corpo, já que consegue mantê-lo forte e lhe dar energia.

Complexo de aminoácidos

O complexo de aminoácidos é algo que você pode querer analisar porque pode ajudar a construir músculos. Eu acho que é importante usar um complexo de aminoácidos quando você está liberando peso, pois ele aumenta sua energia e faz você se sentir mais forte.

3. Suplementos opcionais

DHEA

DHEA é um hormônio esteroide produzido naturalmente no corpo. Alguns acham que, quando nossos níveis de DHEA estão baixos, ficamos mais suscetíveis ao envelhecimento e às doenças. Em um estudo realizado em 1986 e publicado no *New England Journal of Medicine*, foi descoberto que um aumento de 0,1 mg por decilitro nos níveis de DHEA no sangue correspondeu a uma redução de 48% na mortalidade por enfermidades cardiovasculares e uma redução de 36% na mortalidade por qualquer razão.

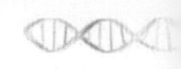

O efeito do DHEA oral varia de pessoa para pessoa; no entanto, em um estudo duplo-cego, 24 mulheres usando DHEA mostraram melhora perceptível no bem-estar geral, visto que estavam menos deprimidas no final do estudo.

A suplementação com DHEA pode ajudar na liberação de peso. O DHEA pode estimular as suprarrenais e muitos médicos prescrevem para ajudá-las a se recuperarem de períodos de estresse prolongado. Também é usado para promover a produção de testosterona. Por causa disso, doses diferentes são recomendadas para homens e mulheres. Sugerem-se dosagens de 0,05 mg para mulheres e 0,1 mg para homens. É melhor diminuir o DHEA lentamente, para que o corpo comece a produzir cortisol de forma natural de novo.

O DHEA é opcional para liberação de peso e só deve ser usado se você não teve nenhum câncer feminino.

Os suplementos de DHEA são produzidos e vendidos legalmente nos EUA. No entanto, em virtude das preocupações com efeitos colaterais potencialmente graves, incluindo palpitações cardíacas, eles não foram aprovados para uso em vários outros países, incluindo Reino Unido e Canadá.

Extrato de grapefruit (toranja)

Os suplementos de grapefruit estão disponíveis em três tipos distintos, cada um declarando um benefício diverso para a saúde. Cada um é extrato de uma parte diferente da toranja: extrato de casca, extrato de semente e extrato de fruta inteira. Os suplementos de extrato de grapefruit estão disponíveis em pó e cápsulas, e o extrato de semente de toranja também é vendido na forma líquida.

O suplemento de grapefruit integral é o mais novo de seu tipo e inclui extrações de cascas, sementes e suco combinadas. As conjecturas sobre a associação positiva entre grapefruit e redução de peso circularam por muitos anos – acredita-se que ajuda a queimar calorias, reduzir o apetite e controlar a fome.

Portanto, o extrato de grapefruit é sugerido como parte de um programa de liberação de peso, mas preste atenção às contraindicações com medicamentos!

Suco de cacto

O concentrado de suco de cacto vem da planta cactácea opúncia e supostamente fornece suporte dietético e nutricional diário para uma série de problemas de saúde. Muitos nutricionistas, fitoterapeutas e médicos também estão reconhecendo os benefícios fitoterápicos da opúncia e do cacto nopal.

O suco de cacto é uma grande fonte de antioxidantes; pode ter capacidade de combater inflamação, e demonstrou reduzir o colesterol e o açúcar no sangue. Alguns estudos indicaram que o suco de cacto pode ajudar o diabetes, hiperglicemia, inflamação, colesterol alto, aterosclerose, limpeza do cólon, distúrbios gastrointestinais e função hepática.

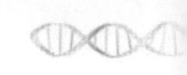

Noni

Noni é o nome havaiano para *Morinda citrifolia*, conhecida como amora indiana. A planta é um tipo de arbusto perene com frutos do tamanho de uma batata. O suco de fruta é procurado na medicina alternativa para muitos tipos diferentes de doenças, incluindo artrite, diabetes, pressão alta, dores e desconfortos musculares, dificuldades menstruais, dores de cabeça, doenças cardíacas, Aids, câncer, úlceras gástricas, entorses, depressão mental, senilidade, má digestão, aterosclerose, problemas nos vasos sanguíneos e dependência de drogas. Noni está recebendo atenção de modernos fitoterapeutas, médicos e bioquímicos de alta tecnologia, e estudos científicos nas últimas décadas deram suporte às reivindicações de suas propriedades. As evidências científicas dos benefícios do suco da fruta noni são limitadas, mas há alguns indícios de tratamento bem-sucedido de resfriados e gripe.

Você pode introduzir o noni imediatamente no regime, porque não realiza uma limpeza rigorosa de parasita. Ele limpa um grande número de parasitas, no entanto. Não impede as tênias, mas vai ajudar com os vermes tropicais.

Nota: Se você começar a tomar suplementos todos os dias e, de repente, parar de usá-los sem motivo aparente, você tomou como verdade uma crença que deve ser investigada.

Abençoando os suplementos que você toma

Quando você comprar ervas, vitaminas ou qualquer tipo de alimento, pergunte ao Criador de Tudo O Que É se o que você está comprando é para o seu Bem Maior. Você pode determinar isso se conectando ao Criador enquanto segura o produto e simplesmente perguntar se a potência está correta ou se a substância é para o seu mais elevado e melhor benefício. Testes de energia e pêndulos muitas vezes não são úteis aqui, porque a mente subconsciente tende a interferir na resposta. É sempre melhor perguntar ao Criador.

Depois que a substância for aprovada, ela deve ser abençoada antes do uso para garantir potência, eficácia e qualidade máximas. Como tudo tem consciência e absorvemos essa essência quando a consumimos, precisamos abençoar todos os alimentos e ervas que comemos! Se essas substâncias não forem tratadas com o respeito que merecem, os benefícios de ingeri-las serão reduzidos.

Isso inclui fazer o download de uma bênção no seu medicamento prescrito. Não odeie sua medicação; abençoe-a, bem como seus suplementos, da seguinte maneira:

Como abençoar medicamentos e suplementos

- Concentre-se em seu coração e visualize a descida energética para a Mãe Terra, que é parte do Tudo O Que É.
- Visualize a energia subindo pelos pés, abrindo cada chacra em direção ao chacra coronário. Em uma linda bola de luz, suba para o Universo.
- Vá além do Universo, além das camadas de luzes, da luz dourada, da substância gelatinosa que são as Leis, em uma luz perolada iridescente branca como a neve, no Sétimo Plano de Existência.

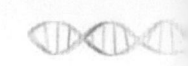

- Faça o comando: "Criador de Tudo O Que É, é comandado, que este medicamento que tomo seja abençoado desde quando foi feito no presente até adiante no futuro. Que seja abençoado com a capacidade de ser absorvido pelo meu corpo para me dar o melhor efeito, sem os efeitos colaterais. Gratidão. Está feito. Está feito. Está feito".
- Imagine a energia descendo para o seu espaço interno por meio de cada célula do seu corpo.
- Quando terminar, conecte-se de volta à energia de Tudo O Que É, respire fundo e faça uma quebra energética, se assim escolher.

PARASITAS

Quando eu era pequena, nunca conseguia me levantar de manhã e estava sempre cansada – e magra. Minha mãe dizia para mim e minha irmã: "Vocês, meninas, devem ter tênias! Vocês estão muito magras".

Você sabe o que os parasitas fazem? Eles deixam você muito magro no começo. Na verdade, na década de 1920, atores e atrizes pegavam tênias de propósito para permanecer magros. Mas então o que acontece é que o corpo pensa que está morrendo de fome e começa a armazenar gordura.

Minha mãe estava certa: minha irmã e eu tínhamos tênias. Presumo que as peguei porque andava descalça o tempo todo. Finalmente, cerca de 20 anos atrás, quando fiz minha primeira limpeza com limão, venci uma tênia de quase um metro. Depois disso, conseguia acordar de manhã e, de repente, comecei a reconhecer parasitas em minhas relações humanas.

Uma vez percebi que um dos alunos que vieram assistir às minhas aulas de verão era magro a ponto de não ser saudável. Achei que ele tinha parasitas e sugeri que usasse *shakes* de proteína, tomasse vitaminas e o mais importante de tudo, fizesse uma limpeza de parasitas com suco de noni. Ele fez isso e ganhou quase 66 quilos e todos os seus músculos se fortaleceram.

Parasitas podem fazer duas coisas: eles podem torná-lo muito magro ou fazer você ganhar muito peso, mas sempre muda para sobrepeso no final, porque seu corpo pensa que está morrendo de fome, então ele retém a gordura.

Os parasitas também podem entrar no cólon e deixar muitos resíduos ácidos. Seu corpo sabe que não pode viver com tanto ácido, então vai tentar extrair o ácido e encapsulá-lo nas células de gordura. Isso ocorre porque o corpo sabe que precisa manter um equilíbrio alcalino para se manter vivo.

Dessa forma, as infecções parasitárias podem causar obesidade. Sabe-se que as pessoas liberam 4,5-9 quilos apenas com uma simples limpeza de parasitas à base de ervas. Muitas vezes, as pessoas que estão ligeiramente acima do peso têm parasitas. Mesmo indivíduos saudáveis que não estão acima ou abaixo do peso devem fazer uma limpeza de parasitas pelo menos uma vez por ano.

É interessante que, quando digo às pessoas que elas podem estar acima do peso por causa dos parasitas, isso muda a forma como elas se veem. Em vez de se culparem, passam a pensar que um parasita é a razão de estarem acima do peso e talvez, pela primeira vez na vida, começam a investigar a possibilidade e a tomar medidas para fazer mudanças em suas vidas.

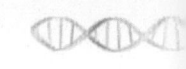

Os parasitas podem vir de duas maneiras:

1. Como micróbios (pequenas coisas minúsculas e vermes longos e bactérias).
2. Por meio de pessoas que se conectam a você de uma forma negativa e/ou consomem muito de sua energia.

A remoção da "energia do parasita" em sua vida pode fazer uma grande diferença em sua capacidade de liberar peso.

Limpeza de parasitas

A limpeza de parasitas pode ser feita de três maneiras:

1. Indo ao médico para ser examinado.
2. Fazendo trabalho de crença para liberar os programas que permitem que os parasitas se conectem a você.
3. Fazendo uma limpeza de parasitas à base de ervas.

Na verdade, todos os três podem funcionar. Durante a limpeza de parasita à base de ervas, crenças e sentimentos podem surgir para serem eliminados. É melhor fazer um trabalho de crença em quaisquer programas parasitários que você possa relacionar ao peso.

As perguntas a se fazer são:

- "Quem são as pessoas parasitas da minha vida?"
- "De quem eu me ressinto?"

Observar quem são essas pessoas e por que você acha que deve mantê-las em sua vida vai revelar a crença e os programas subjacentes.

É necessário reconhecer que os parasitas nos influenciam em um nível mais do que físico. Eles são atraídos pelos processos de pensamento e sentimentos que bloqueiam nosso desenvolvimento em todos os níveis: físico, emocional, mental e espiritual. Pensamentos e sentimentos como: "devo permitir que outros tirem vantagem de mim" e "devo permitir que as pessoas me esgotem até o fim" são um ímã para os parasitas. Indivíduos com parasitas têm questões de autoestima.

Quando fazemos trabalho de crença e de sentimento, ficamos livres dos programas que atraem parasitas. À medida que removemos, substituímos e adicionamos sentimentos do Criador a nós mesmos com o trabalho de crença, ganhamos a força para expulsar parasitas do corpo interior, bem como do corpo exterior. Parasitas não podem sobreviver dentro ou ao redor de um corpo que não tem os programas que os atraem.

Downloads para repelir parasitas

- "Eu sei como viver sem ser absorvido(a) até o fim."
- "Eu sei como dizer não."
- "Eu sei quando dizer não."

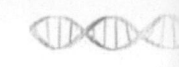

- "Eu sei que estou conectado(a) ao Criador em todos os momentos."
- "Eu conheço a diferença entre os sentimentos dos parasitas e os meus próprios sentimentos."
- "Eu sei quando estou muito cansado(a) para fazer algo."
- "Eu sei que posso viver minha vida sem ter que ser um(a) mártir."
- "Eu sei viver sem desistir de todo o meu tempo e esforço para agradar a outra pessoa."
- "Eu sei que a pessoa que tenho de agradar é o Criador de Tudo o Que É."
- "Eu sei como colocar bons alimentos no meu corpo."
- "Eu sei como comandar meu corpo para ter o equilíbrio de pH adequado."

Nós não comandamos intuitivamente que todos os parasitas deixem o corpo, pois algumas bactérias parasitas ajudam a digerir os alimentos e é normal tê-las, mas em qualquer caso, você não teria permissão para fazer isso porque está espiritualmente protegido de fazer coisas assim consigo mesmo.

Sugestões dietéticas e de ervas para eliminar parasitas

Limpeza de parasita sugerida para tênias e trematódeos (com o conselho de um profissional de saúde qualificado):

- Pimenta-caiena
- Cravo-da-índia

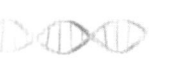

- Alho
- Gengibre
- Cobre iônico
- Suco ou sementes de noni
- Óleo de orégano (pode ser difícil para o estômago, então coloque duas gotas em cápsulas)
- Sementes de abóbora ou extrato de semente de abóbora
- Suco fresco de duas cenouras, um pedaço de aipo e meia beterraba, com um pouco de alho e uma pitada de gengibre
- Combinação de nozes/artemísia (não deve ser usada por diabéticos)

Sugestões gerais:
- Carvão (isso mata giárdia e outros parasitas)
- Prata coloidal (isso mata fungos e todos os tipos de parasitas, mas tomá-la o tempo todo não é recomendado)
- Platina coloidal (mata fungos e todos os tipos de parasitas)
- Tomilho (isso mata os parasitas na água potável)
- Torne o corpo alcalino (consulte o capítulo 6). Se o corpo tiver um equilíbrio alcalino de 7,2 a 7,4, os parasitas terão dificuldade em sobreviver.
- Use uma limpeza de parasita à base de ervas na primavera (não no inverno, porque daí o corpo está em um período de descanso). Fazer várias limpezas de parasitas sucessivamente é muito difícil para o corpo, de modo que o discernimento é importante. Se for

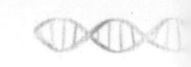

constatado que uma limpeza com ervas é necessária, siga este processo: dez dias sim, cinco dias não, dez dias sim, cinco dias não, dez dias sim, cinco dias não, para que você possa destruir todos os ovos postos pelo parasita.

Se você fizer uma limpeza de parasitas, é melhor balanceá-la com uma dieta alcalina para que o processo não seja tão emocional. Os "sentimentos" que você vai experimentar durante uma limpeza podem não ser os seus. Sentimentos como "eu vou morrer" vêm da consciência de parasitas e vermes que estão morrendo.

Livrar-se dos parasitas também ajuda a se livrar dos parasitas emocionais (pessoas que sugam você) e "parasitas energéticos", como errantes, ganchos psíquicos, etc.

Programa de alimentação para evitar parasitas

Todas as carnes e vegetais vêm com parasitas. Independentemente disso, quanto mais equilibrado for o seu sistema de crenças, menos parasitas você vai reter.

Para evitar parasitas, é essencial evitar comer demais e mastigar bem todos os alimentos. Isso permite que eles sejam digeridos adequadamente e facilita a absorção dos nutrientes. Parasitas se desenvolvem em condições úmidas em geral criadas por alimentos digeridos incorretamente.

Coma alimentos com sabores amargo, picante e azedo, pois ajudam o corpo a eliminar os parasitas.

Escolha alimentos que possam repelir os parasitas. Os seguintes têm propriedades antiparasitárias:

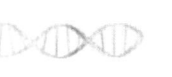

- *Vegetais benéficos*: beterraba, repolho, cenoura, alho, alho-poró, cebola, rabanete e azedinha.

- *Temperos úteis*: erva-doce, cravo-da-índia, pimenta--caiena, sálvia, gengibre, raiz-forte e tomilho.

- *Alimentos úteis adicionais*: amêndoas (use com moderação), algas e ameixa umeboshi. Sementes de abóbora são especialmente úteis, pois destroem os parasitas. As sementes de abóbora cruas podem ser ingeridas como petisco.

Capítulo 5

Liberação de Peso – Passo 3: O Canto do Coração

Em julho de 2006, conforme relatei no *ThetaHealing Avançado*, comecei a me sentir extremamente cansada. Pensando que meus pulmões eram o problema, comecei a fazer curas neles. Enquanto eu estava no processo de uma dessas curas, a voz do Criador veio à minha mente e perguntou: "O que você está fazendo?"

Eu respondi: "Estou trabalhando em meus pulmões".

O Criador disse: "Não são seus pulmões. Você tem insuficiência cardíaca congestiva".

Em total desespero, gritei: "Isso é impossível! Eu sou muito jovem".

Para ter certeza, marquei uma consulta com o médico. Depois de me submeter a alguns exames, ele disse: "Você tem insuficiência cardíaca congestiva. Eu sinto muitíssimo".

Eu perguntei: "O que devo fazer a respeito disso? Como isso é curado?"

O médico falou: "Experimente este medicamento e veja se funciona. Já que você é jovem, podemos colocar seu nome em uma lista de espera para um transplante de coração".

Nesse momento de desolação, chorei para mim mesma: "De novo, não! Mais uma vez um médico está me dizendo que vou morrer". Eu fui para o abismo do "pobre de mim". O que realmente me chateou em toda a situação foi que eu havia feito tanto trabalho de crença e agora sabia que precisava fazer mais.

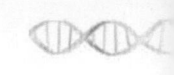

Comecei a tomar o medicamento, pensando: "Bem, prometi ir e fazer o próximo curso de ThetaHealing. Devo cumprir minha promessa".

Cerca de duas semanas antes de partir para Roma, onde deveria fazer o seminário, recebi alguns convidados em minha casa. Eles eram músicos profissionais de Nova York que estavam fazendo meu curso de Anatomia Intuitiva. Eles tinham vindo jantar e tocar algumas músicas. Um deles tocou uma viola magnífica, e o som que saiu desse instrumento era cheio de melancolia e puxava as cordas do coração.

O outro músico me pediu para ajudá-lo a compor algumas canções. Ele me disse para cantar a música que eu tinha em meu coração. Ascendi e conectei-me ao Sétimo Plano e comecei a cantar em tom triste, sentindo uma emoção estranha vindo do meu coração. Enquanto sentia essas energias sendo retiradas de mim pelo tom que eu estava cantando, de repente vi todos os motivos da minha infelicidade e as razões da minha doença. Percebi que guardava velhas tristezas nas moléculas do meu coração. Sempre trabalhei nas minhas crenças sem pensar em libertar meu coração das antigas dores que ele estava guardando. Era por isso que continuava a sentir uma espécie de sofrimento inabalável nele. Fechei meus olhos e deixei toda essa tristeza sair em um tom que veio do meu coração. Continuei a manter esse tom até ficar sem fôlego e, então, comecei de novo.

Quando terminei e a música parou, abri os olhos e vi que as pessoas na sala choravam. Naquele momento, percebi que tinha encontrado uma forma de os outros derreterem a dor e o sofrimento em seus corações também.

A história tem mais detalhes, mas, em essência, meu coração foi curado.

Depois, comecei a emagrecer. Liberava quase um quilo em dias alternados até ter liberado quase 15 quilos. Acredito que isso seja porque liberei a tristeza que eu estava carregando.

Você pode nunca precisar fazer este exercício, mas se sentir que não quer fazer, provavelmente precisará realizá-lo.

No exercício, você vai ascender e pedir ao Criador para liberar toda dor e tristeza que não estão mais servindo a você ou que não quer mais manter. Mas você também vai liberar algo mais: a pura frustração de a cada vida ter tentado despertar o mundo e ter fracassado. (Você deve fazer o download para saber que desta vez terá sucesso.)

Quando nasceu, você entrou em um sistema de rede especial. Não apenas escolheu a hora do seu nascimento, mas também definiu como as estrelas se alinhariam. Isso é para que você possa realizar tudo o que veio aprender. Não existem erros no Universo. Você escolheu o momento exato da chegada e, quando chegou, passou pela energia emocional deste mundo. Cada mãe chorando, cada momento triste que aconteceu nesta Terra foram gravados em seu corpo. Então, quando você libera essa tristeza, não está só liberando de si mesmo e da Terra, mas também da sua genética, dos seus ancestrais e das suas vidas passadas. Você está liberando a tristeza de cada um de seus órgãos. O canto do coração é um exercício do Sexto Plano que usa a vibração para curar e restaurar o corpo.

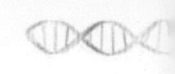

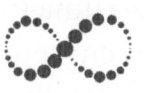

O canto do coração

Este processo é útil para liberar a tristeza e a raiva de todos os níveis por meio de um tom contínuo que vem do coração, e é recriado pela voz.

O praticante deve orientar os clientes ao longo do processo. Só a voz dos clientes é capaz de liberar a tristeza e a dor em seus corações. O praticante não pode liberar por eles e só pode ajudá-los, encorajando-os a criar o tom da seguinte maneira:

- Concentre-se no seu coração e visualize a descida energética para a Mãe Terra, que é parte de Tudo O Que É.
- Visualize a energia subindo pelos pés, abrindo cada chacra até o chacra coronário. Em uma linda bola de luz, saia para o Universo.
- Vá além do Universo, além das camadas de luzes, da luz dourada, da substância gelatinosa que são as Leis, numa luz perolada iridescente branca como a neve, no Sétimo Plano de Existência.
- Dê o comando: "Criador de Tudo O Que É, comando ou pedido que a tristeza seja liberada do coração por meio de um tom de minha voz. Grato(a). Está feito. Está feito. Está feito".
- Imagine que você está indo fundo no seu coração. Ouça o canto triste que seu coração está cantando. Deixe o tom emergir na sua voz. Não será alto, mas um tom neutro e constante. Se você "gritar" a tristeza,

ela puxa tudo de volta, então apenas a libere lentamente num tom uniforme.

- À medida que você ouve o som, preste atenção em todos os ressentimentos, frustrações com a guerra, fome, ódio e raiva que ficaram trancados em seu coração. Deixe o som do coração sair da sua boca.
- Faça isso com todos os órgãos do corpo, indo do coração ao plexo solar e depois ao estômago, e de lá conforme sua escolha. Mas se você está se sentindo cansado, comece nas suprarenais e nos rins, para que possa fazer com que um pouco de energia se mova pelo corpo. Concentre-se em liberar a energia de cada órgão até ter certeza de que ela se foi e, em seguida, passe para o próximo.
- Lembre-se de que você não está fazendo isso só por si, mas também pela sua família. Quando as pessoas começam a liberar a tristeza pela primeira vez, geralmente têm vontade de fugir. Lembre-se de que você precisa terminar esse processo pela sua família.
- Quando terminar, conecte-se de volta à energia de Tudo O Que É, respire fundo e faça uma quebra energética, se assim escolher.

A maneira de saber se o processo terminou é sentindo que ele de fato finalizou. Você vai se sentir como se tivesse liberado toda a tristeza e raiva acumuladas do seu coração e de outros órgãos, e ficará com a sensação de energia e alegria.

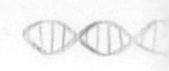

Esse processo pode ser feito mais de uma vez, se você precisar liberar sua tristeza em camadas.

Se você está trabalhando com clientes e eles não se sentem confortáveis em liberar toda a tristeza armazenada com outra pessoa, eles podem continuar o processo quando estiverem sozinhos.

•••

Uma das minhas alunas levou quatro dias para sentir que tinha concluído o processo. Eu levei cerca de seis horas para todo o meu corpo.

Curiosamente, a maioria das pessoas que precisa perder peso vai liberar muita energia do plexo solar, que é onde é represada a dor de perder filhos e outros membros da família, e da área da garganta, que é onde pode haver problemas com a tireoide quando você não se expressa, não é capaz de se expressar ou se expressa demais. A maioria dos curadores que conheço tem um pequeno bloqueio na tireoide, porque eles têm medo de ferir os sentimentos de outras pessoas.

LIBERANDO A TRISTEZA

Tristeza da família

Ao dar uma aula, consigo sempre distinguir as pessoas que foram escolhidas para carregar o fardo energético da família. Geralmente, elas são um pouco mais pesadas do que os outros membros familiares e têm uma casa bagunçada também. O modo com o qual você mantém sua casa é um reflexo de suas crenças, genéticas ou não. Se seu lar está em desordem, você tem muita desordem genética dentro também. Na sociedade ocidental, isso é sempre mais comum durante os feriados.

Todos nós percebemos imagens de nós mesmos e de outras pessoas e tendemos a desempenhar papéis na família para nos adequarmos a essas imagens. Algumas pessoas acreditam, por exemplo, que se forem avós devem ser abraçáveis. "Vovós têm que ser gordas." Agora você vai perceber que, se tem essa crença, algum trabalho de crença está deve ser feito.

Além disso, como já discutimos, nas sociedades antigas as pessoas que estavam mais acima do peso eram as respeitadas. Dessa forma, dependendo de seu DNA e genética, seu corpo pode estar tentando ganhar respeito, mesmo que seja de dez gerações atrás. Tudo o que está acontecendo em seu corpo tem um propósito, mesmo que pareça que não seja para o seu melhor no momento.

Liberar sua própria tristeza vai liberar o fardo energético da sua família também.

Tristeza da terra

Quando você libera a tristeza com o canto do coração, ela também é liberada da terra. Isso ocorre porque você pode estar carregando no seu DNA o resíduo do que aconteceu em seu país. Se o seu país já foi palco de uma guerra, por exemplo, pode haver muita dor a ser liberada. Na verdade, todos nós já perdemos ancestrais em guerra em algum lugar. Podemos não nos lembrar disso, mas nossos avós, ou nossos pais, sim. Pode não ter sido há muito tempo. Essa tristeza pode ser liberada com o canto do coração.

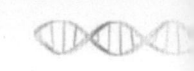

Se você se mudou do seu país de origem, o canto do coração vai liberar tristeza tanto de onde você nasceu quanto de onde mora agora. Depois de residir num lugar por sete anos, começará a captar as vibrações emocionais daquela área, e isso inclui um pouco da tristeza.

Mesmo que você libere a tristeza ao visitar um país que não é o seu, isso ajudará tanto a sua própria terra quanto aquela em que está. É por isso que comecei a dizer aos instrutores para fazerem esse processo em todos os lugares onde estivessem – e porque o fizemos em uma aula quando fui para a Alemanha.

Descobri que a Alemanha e muitas outras partes da Europa não haviam se recuperado da devastação da Segunda Guerra Mundial – as emoções ainda estavam lá. A tristeza daquela época permeou grande parte da terra e estava presente no povo, como também no povo judeu e em algumas pessoas no Japão.

Da mesma forma, quando você vai para os estados do sul dos Estados Unidos, descobre que eles ainda não se recuperaram da Guerra Civil. A tristeza daqueles dias ainda está na terra e nas pessoas. Se você for a lugares onde ocorreram as batalhas da Guerra Civil, poderá ver intuitivamente soldados ainda lutando nos campos.

Qualquer forma de dor ou sofrimento deixará marca na terra e em seu povo. Certa vez, trabalhei com um afro-americano que era ministro batista e tinha problemas a respeito dos escravos negros dos Estados Unidos. Como você sabe, quando os europeus começaram a se mudar para as Américas, trouxeram escravos negros com eles. Nem todo mundo tratava mal esses escravos e, na época, era normal que as pessoas tivessem escravos. Alguns dos proprietários de fazendas de plantação do sul tratavam seus escravos melhor do que outros, considerando a época e o lugar. No entanto, esse homem estava cheio de dor e raiva pelo comércio de escravos. Para ele, era como se tivesse acontecido ontem. Por meio do canto do coração, ele liberou esse sentimento de sua genética, de sua história e provavelmente da terra em que foi criado e, quando ele terminou, pude ver em seus olhos que o alívio e a alegria substituíram a tristeza. Ele estava pronto para seguir em frente com sua vida.

É importante estar ciente da energia que virá da terra e de seu povo. Você pode falar com as pessoas de onde moro em Idaho, por exemplo, e elas vão dizer que você precisa ser durão para morar nesse Estado. É verdade, porque temos invernos muito frios, e essa terra foi colonizada por indivíduos que não tinham nada e precisaram ser fortes para morar aqui. Chamo o lugar de "terra do colonizador" e a atitude de "mentalidade do colonizador". Você tem de ver a terra em Roberts. Eu morava em um lugar infestado de mosquitos, moscas, calor, ratos, aranhas e cheiro de vacas. E se você dissesse alguma coisa a alguém aí sobre as condições, eles lhe diriam: "vire um vaqueiro. Você ainda precisa ser durão para morar em Idaho e, se não gosta, pode simplesmente voltar de onde veio!" Então, qual é a energia da terra? Seja forte, seja durão.

Pergunte a si mesmo, o que se passou em sua terra? Você tem alguma ideia de como seus ancestrais viviam? Que batalhas aconteceram lá? Que traições ocorreram? Na América, os colonos ingleses fizeram as pazes com os nativos americanos e, então, deram meia-volta e tomaram suas terras. Coisas malucas aconteceram na Holanda e nas Ilhas Britânicas! E quanto à Rússia? Qual é o legado dessa terra? Você precisa ser forte para viver na Rússia?

Mas, e se você não tivesse que carregar as dificuldades de seus ancestrais? Bem, você não tem de carregá-las. Com o canto do coração, você pode limpar a tristeza de seus ancestrais, mesmo no mundo espiritual.

A razão para isso é que o canto do coração está diretamente conectado à consciência coletiva da humanidade. Com esse processo, liberamos o sofrimento de toda a humanidade. Muitas das pessoas que fazem esse exercício vão se conectar ao tom universal que libera raiva, ódio e tristeza em um nível universal, e isso vai beneficiar todos nós.

Capítulo 6

Liberação de Peso – Passo 4: Abençoe Sua Comida, Abençoe Seu Corpo, Menos é Melhor

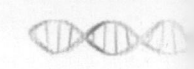

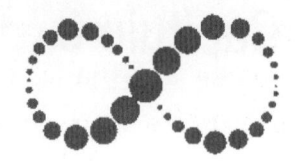

Um dia perguntei: "Deus, por que estou acima do peso?" Como sempre, o Criador me respondeu pacientemente. Disse-me: "Vianna, você tem um corpo resistente. Você deve abençoar seu corpo. Encoraje o seu corpo, não o desencoraje. Abençoe o seu corpo. Bênçãos são mais fortes do que maldições".

Isso me levou a considerar a relação entre corpo e mente.

CORPO E MENTE

"A comida é má..."

Você conhece seu próprio corpo? Você sabe o quão grande é o seu estômago? Você já tocou seu próprio estômago e disse oi a ele?

Uma das primeiras coisas que você deve considerar, se estiver acima do peso, é familiarizar-se com seu trato intestinal. Isso começa quando o alimento entra na boca. Como você se sente em relação à sua comida?

O que acontece com algumas pessoas é que elas desenvolvem um ódio pela alimentação e pelo próprio corpo. Por exemplo, se elas comerem compulsivamente muita comida de uma vez, podem ficar com raiva de si mesmas e, em seguida, desejar não ter feito isso. Ao agir assim, elas afetam a capacidade do corpo de decompor o alimento e convertê-lo em energia de forma adequada. Isso ocorre porque o corpo está recebendo mensagens confusas. O que pode acontecer neste momento é que todo aquele alimento seja convertido em gordura. Então, se você não se ama e acha que a comida é má, pode não só estar interrompendo parte do seu processo digestivo, mas também estar engordando.

Vá com calma consigo mesmo – se você ansiou por alguma coisa e depois comeu, em muitos casos, isso é porque seu corpo precisava disso naquele momento. Confie no seu corpo – não fique zangado com ele.

Diz-se que as pessoas com sobrepeso têm hormônios que não funcionam corretamente, e não enviam o sinal ao estômago de que estão saciadas e devem parar de comer. Não tenho certeza se acredito nisso, mas sei que existem várias razões pelas quais alguns indivíduos comem o tempo todo:

Para se sentirem presentes nesta realidade. Algumas pessoas vivem muito no futuro e precisam estar no agora, espiritual, mental e fisicamente.

Porque elas estão com fome. Isso pode acontecer porque seus alimentos não têm valor nutricional. Como consequência, seu corpo envia o sinal de que precisa de mais comida para obter a nutrição de que demanda, e a pessoa acaba comendo o tempo todo e ganhando peso.

Porque seus corpos não conseguem absorver os nutrientes dos alimentos, pois elas têm parasitas. Parasitas podem deixar as pessoas com mais fome também. Uma limpeza de parasitas pode ser indicada (consulte o capítulo 4).

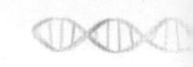

Porque elas ficam sentados na frente da televisão comendo batatas fritas! Muitas pessoas dizem que comem mais quando fazem isso. Muitas batatas fritas de qualidade são cozidas em ômega 3 agora, então não é uma prática tão prejudicial como antes, mas ainda não é recomendada.

O interessante é que a maioria das pessoas com sobrepeso não come o tempo todo. Na verdade, a razão pela qual algumas estão acima do peso é que se alimentam apenas uma vez por dia e se empanturram. É melhor comer três refeições cuidadosamente planejadas por dia e dois lanches do que uma refeição enorme.

Pessoas obesas por causa de medicação também têm tendência a pular refeições nutritivas regulares. Frutas e vegetais são essenciais para elas, porque precisam de algo para limpar o trato intestinal.

Comida é o que você faz!

Em si, comer não é ruim. Onde estaríamos sem isso? Para a maioria de nós, ingerir os alimentos certos realmente ajuda a liberar peso.

O que é comida saudável? Por que exatamente é saudável? É porque pensamos que é boa para nós. Nossa mente desempenha um papel muito maior do que podemos imaginar. Você já comeu um pedaço de bolo de chocolate e depois se sentiu culpado por ter comido? Pois é; o bolo de chocolate tem consciência própria e uma mensagem foi enviada com ele para o seu corpo. Agora seu corpo não encontra os nutrientes que estão no bolo, porque você acabou de dizer que o bolo é tóxico e o corpo é inteligente – mais inteligente do que a ciência reconhece. Portanto, ele rejeitará os nutrientes, mas vai retirar todas as toxinas do bolo e as encapsulará nas células de gordura.

Para dar outro exemplo: para o pensamento alternativo, o açúcar branco é um veneno, mas tudo em excesso também é. Você realmente come uma pilha de açúcar a cada ano (principalmente sem saber) e não morre como resultado. Não pense que o açúcar branco (com moderação) é tóxico. Não me interpretem mal – muito de qualquer coisa é tóxico, e muito açúcar branco não é bom. Mas todos nós comemos um pouco de açúcar branco e nosso corpo lida muito bem com isso.

O que acredito ser tóxico em pequenas quantidades são adoçantes artificiais, como sacarina e aspartame. Eu creio que eles são muito mais difíceis de serem processados pelo corpo do que o açúcar branco, e podem ser cancerígenos.

A American Cancer Society uma vez descobriu que as pessoas que usaram adoçantes artificiais, na verdade, ganharam peso em vez de perdê-lo. Os adoçantes artificiais são muito piores do que o açúcar comum no corpo. A estévia, por outro lado, parece ser um adoçante artificial não tóxico e pode ser usada como alternativa ao açúcar. E o chocolate, usado com cautela, pode realmente ajudar na liberação de peso, assim como previ anos atrás.

A chave é aprender a trabalhar com seu corpo. Ele está fazendo o melhor para lhe atender. Se você acordar no meio da noite e desejar uma batata frita, isso significa que seu corpo precisa de alguma coisa. Depende de você ascender e perguntar a Deus o que é essa coisa.

O importante é chegar a um ponto em que você absorve sua comida adequadamente e, então, não precisará mais de tanto. Você vai absorvê-la se parar de odiá-la e de odiar seu corpo. Baixe os downloads:

- "Estou me tornando o eu perfeita(o)".
- "Meu corpo é forte".
- "Eu sou bonita(o)".
- "Eu sou saudável".

OS RISCOS DE FAZER DIETA

Se você faz dieta, a primeira coisa que perde é água. Você pode perder 4,5 quilos, mas tudo estará na água. Assim que seu corpo perde o peso da água, automaticamente entra em pânico e luta para segurar a gordura. Mesmo que você reduza o consumo alimentar para apenas um pedacinho de alface por dia, seu corpo vai reter a gordura e não vai liberá-la. Ele faz isso para que, em um momento de crise, possa liberar a gordura a ser utilizada. Ele vai liberar músculos antes de liberar gordura, porque a gordura tem mais valor em um momento de crise. E se você estiver ingerindo apenas pequenas porções de comida, seu corpo presumirá que precisa se preparar para uma crise.

Infelizmente, em qualquer caso, o conceito de "fazer dieta" tem programas negativos associados a ele. Muitos de nós não percebemos isso no início, mas acabamos sentindo que estamos nos privando do alimento ao qual estamos acostumados, ao invés de abraçar o plano como uma experiência positiva.

A pior coisa sobre uma dieta é que você pode perder peso enquanto está fazendo, mas assim que voltar à sua dieta antiga, você o ganha de volta. Pode parecer que você não está chegando a lugar nenhum. Conheço pessoas que ficam tão cansadas de fazer dieta que começam a comer compulsiva e loucamente.

Certa vez, li em uma revista que alguém havia criado uma pílula dietética que impedia as pessoas de absorver carboidratos. Fiquei imediatamente em dúvida. Você sabe o que é um carboidrato? É uma das cinco coisas que constituem o seu corpo. São elas:

1. Carboidratos (açúcares).
2. Lipídios (óleos).
3. Proteína, uma energia complexa que se decompõe em açúcar que seu corpo usa para realizar...
4. ATP e, claro, a outra coisa é...
5. DNA (ácido nucleico).

Então, obviamente, você precisa de carboidratos para viver. Por que tomaria uma pílula para evitar que seu corpo os absorvesse? Isso provavelmente não será bom para você.

Um pequeno conselho é parar de contar calorias e começar a contar carboidratos. Uma refeição composta com bife, uma batata assada e uma porção de vegetais se converte em pouco mais de 35 carboidratos, e isso é com manteiga na batata, enquanto apenas uma Coca-Cola contém 45 colossais carboidratos! É por isso que devemos escolher o tipo certo de açúcar e o tipo certo de dieta. Por exemplo, batatas são boas para você, a despeito do exagero de que elas engordam. Eles têm mais vitaminas e minerais do que muitos outros alimentos. E margarina é muito pior para você do que manteiga naquela batata!

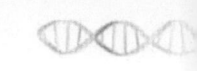

DIETAS VEGETARIANAS E OUTRAS

Há muitas dietas por aí e é verdade que as pessoas que comem apenas proteínas são mais magras do que as outras, mas algumas podem realmente se alimentar de uma forma que as torne agressivas. Dietas de colesterol baixo, como a dieta totalmente proteica (dieta pobre em ômegas), podem causar comportamento agressivo.

Eu dou aulas a muitos vegetarianos, e metade deles está acima do peso. Muitos não sabem ser vegetarianos e passam pela vida com deficiência de proteínas. Então, quando chega a hora de fazer um trabalho pesado, a força deles se esgota. É imperativo para o vegetariano iniciante aprender a seguir um plano de dieta saudável.

Quanto aos veganos, são mais perspicazes e sabem que precisam de proteína, por isso comem feijão, abacate e outras frutas e vegetais que contêm proteína.

Como já mencionado, uma dieta alcalina tornará o corpo inabitável para parasitas – e isso vale para bactérias, vírus, fungos e outros micróbios também. O corpo precisa ter pH cerca de 7,2 a 7,4 alcalino para resistir a parasitas, leveduras, bactérias e outros desafios. Ele é equipado para combater vírus, bactérias e parasitas, mas se ficar muito ácido, o sistema imunológico fica estressado e essas entidades podem ficar fora de controle. Quando está alcalino, por outro lado, todos os órgãos voltam ao equilíbrio.

Pepino, espinafre, abacate e outras verduras são alimentos alcalinos, enquanto a maioria dos tipos de frutas é ácida.

A atitude mental também tem um papel a desempenhar. Quanto mais positiva é uma pessoa, mais alcalino é o corpo. Quanto mais negativo, mais ácido.

Sabemos disso por experiência própria porque, uma vez, quando organizamos uma aula de Anatomia Intuitiva no Havaí, limpamos tantas questões dos alunos que, ao final das três semanas, o equilíbrio ácido-alcalino de todos era 7,2 alcalino – e eles ainda estavam comendo bolo de chocolate. O trabalho de crença tornou toda a minha classe alcalina em um curto espaço de tempo.

Em teoria, você precisa comer alimentos alcalinos para manter sua alcalinidade em 7,2 e daí nada pode deixá-lo doente. No entanto, tenho clientes que estão completamente alcalinos, mas ainda permanecem enfermos. Descobri que a razão para isso é que eles não limparam seu ressentimento e raiva.

Não estou tentando conduzir você a uma dieta em vez de outra. O que estou lhe dizendo é para abençoar qualquer dieta que faça...

ABENÇOE SEU ALIMENTO

Eu sei que célula fala com célula e, portanto, sei que minhas células podem falar com as suas. Sei disso quando olho para o seu espaço e vejo coisas que aconteceram com você quando criança. Eu sei que tudo na Terra tem uma memória. Assim, quando você come um alimento, está captando toda a energia daquele alimento e tudo o que ele passou na vida dele.

Certa vez, alguém me explicou sua interpretação da reencarnação: um homem morre, é enterrado, a grama cresce, a vaca come a grama, o homem atira na vaca e a come, e tem as memórias do outro homem. Agora sei que provavelmente não funciona nesse extremo, mas acredito que até certo ponto você pega as memórias de tudo que coloca na sua boca. Se você fosse comer uma planta que cresce em um ambiente saudável, amoroso, maravilhoso e alegre, eu presumiria que você obteria uma energia saudável, amorosa, maravilhosa e alegre ao comê-la. Então, eu também presumiria que se você fosse comer um animal que foi mantido em cativeiro, muitas vezes tratado de forma bárbara, obteria uma espécie de emoção raivosa da comida. Você já viu o que acontece com os porcos? Eles são mantidos como prisioneiros. Ou vacas leiteiras? Elas são alimentadas, ordenhadas e mantidas como prisioneiras em fazendas e, se ficam doentes, são sacrificadas. E você está comendo o queijo e bebendo o leite. Portanto, acho que quando as pessoas que estudaram o Budismo ou o Hinduísmo lhe dizem para não comer certos tipos de comida porque eles podem ser seus ancestrais, pode ter algo a ver com isso, porque sabem que você está obtendo a essência da comida.

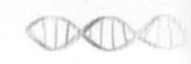

Não vou lhe falar para não comer carne de vaca ou de porco, mas para fazer algo diferente quando comer: abençoe sua comida desde o início; desde o nascimento até o momento em que você come, ou desde o instante em que era uma semente até o momento em que você come. Em muitos casos, especialmente desde o advento da agricultura moderna, nem mesmo sustentamos nossas plantas com o que elas precisam. Damos a elas muito nitrogênio para que fiquem realmente bonitas e verdes.

Mas as plantas precisam de mais do que isso – necessitam de vitaminas e minerais para crescer, assim como nós.

Meditação para abençoar o alimento

- Concentre-se no seu coração e visualize a descida energética para a Mãe Terra, que é parte de Tudo O Que É.
- Imagine a energia subindo por seus pés, abrindo cada chacra até o chacra coronário. Em uma linda bola de luz, saia para o Universo.
- Vá para além do Universo, além das camadas de luzes, da luz dourada, da substância gelatinosa que são as Leis, a uma luz perolada iridescente branca como a neve, no Sétimo Plano de Existência.
- Dê o comando: "Criador de Tudo O Que É, é comando ou pedido que este alimento que estou prestes a comer seja abençoado no passado quando era uma semente, desde o momento em que foi concebido até o presente e adiante. Que ele seja abençoado com a capacidade de ser absorvido pelo meu corpo, para me dar a melhor e mais elevada nutrição. Que a fonte de onde vem, animal ou vegetal, seja abençoada e agradecida por me dar a energia da vida. Que o espírito de meus irmãos e minhas irmãs, as plantas e os animais, seja enviado à luz divina. Comando e peço que tudo que como seja super nutritivo, que eu absorva e me fortaleça a partir disso. Grato(a). Está feito. Está feito. Está feito".

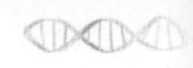

- Imagine a energia indo para o seu alimento.
- Quando terminar, conecte-se de volta à energia de Tudo O Que É, respire fundo e faça uma quebra energética, se assim desejar.

MENOS É MELHOR

Houve um tempo em que passava longos períodos sem comer muito ou, simplesmente, não comia nada. Mas, como descobri, se fizer isso, seu corpo vai pensar que você está morrendo de fome e você não vai perder peso.

Uma orientação que funciona bem é a dieta para diabetes, que será abordada posteriormente neste livro (consulte o capítulo 9). Nela, você só come 30 carboidratos por refeição e 15-20 carboidratos em um lanche, mas você tem de comer três vezes ao dia e lanchar duas vezes ao dia. Uma das coisas mais estranhas que aconteceram quando segui a dieta para diabetes é que eu estava comendo mais.

Você deve saber que as pessoas que ficam sem tomar café da manhã ganham peso. Você tem de comer alguma coisa pela manhã, e ajuda se tiver menos de 30 carboidratos. Em um estudo, descobriu-se que adolescentes americanos que tomavam café da manhã todos os dias pesavam sete quilos a menos do que aqueles que não tomavam. Uma teoria é que, quando as pessoas jejuam e depois consomem grandes quantidades de alimentos de uma só vez, têm tendência a armazenar gordura e, por fim, ficam obesas.

Pequenas refeições espaçadas ao longo do dia são definitivamente melhores para você do que consumir grandes refeições de uma vez. O monitoramento rigoroso do consumo de carboidratos (não de calorias) ajudará em um plano geral de dieta.

A dieta para diabetes de comer 30 carboidratos por refeição e 15-20 carboidratos em dois lanches por dia – vai reduzir seu peso corporal e os níveis de glicose no sangue. Os carboidratos são encontrados em alimentos como pães, vegetais, frutas e massas. Ler os rótulos com relação aos carboidratos é a chave para uma dieta adequada para quem tem diabetes. Em muitos casos, o diabetes pode ser melhorado com exercícios e uma dieta pobre em carboidratos. O aumento de fibra também ajudará.

Você também pode fazer uma grande melhoria em sua dieta simplesmente eliminando todo pão branco e o glúten.

Fica tudo muito bem se você não viajar. Eu viajo e infelizmente, por causa disso, como o que está disponível. Mas encontrei uma solução, simplesmente digo ao meu corpo: "Menos é melhor". Então, em vez de comer muito, como apenas alimentos específicos e aqueles de que gosto. Se eu quiser uma rosquinha, como uma, mas como só a metade, porque menos é melhor. O que geralmente acontece é que, de repente, não estou com fome no meio da rosquinha, então não como inteira.

Você deve ser capaz de comer o que quiser, mas é melhor fazer o download para que se sacie rapidamente e que toda a nutrição da comida dada ao seu corpo seja totalmente absorvida. Além disso, escolha alimentos que não contenham gordura saturada. As gorduras animais devem ser reduzidas ao mínimo. No entanto, você deve ter certeza de obter a proteína adequada. Certifique-se de beber água suficiente para se manter hidratado – isso é muito importante.

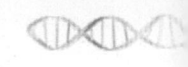

Posso dizer honestamente que, hoje em dia, como o que quero e anseio por alimentos que sejam bons para mim. Essa é a diferença – comer uma variedade de alimentos saudáveis, mas nenhum em excesso. Se me permito ingerir um pedaço de bolo, também tomo cuidado para não me preocupar com isso, porque se me preocupo muito, então um programa é criado. Certo, é provável que eu só dê uma mordida ou duas no bolo de qualquer maneira (menos é melhor), mas me certifico de não me deixar levar pela culpa por causa dessas mordidas.

Você pode até baixar "Menos [substância] é melhor" para pessoas que estão tentando vencer os vícios.

E, claro, um bom download para se dar é: "Menos parece melhor para mim".

Na verdade, o que você está fazendo é mudar a maneira como se sente em relação à comida.

Capítulo 7

Liberação de Peso – Passo 5: Exercício sem Exercício

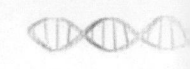

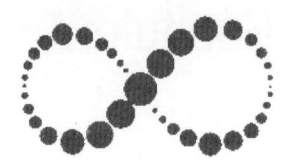

Lembra da mensagem do Criador para mim? "Vianna, qualquer pessoa que disser que você pode perder peso sem fazer exercícios está tentando lhe vender algo. Você tem de se exercitar! E quando não puder se exercitar todos os dias, seu cérebro precisa pensar que você está se exercitando diariamente."

Então, agora vou mostrar a você como liberar peso usando sua mente subconsciente e Deus.

Não pense que você pode ficar na cama o dia todo e ainda assim emagrecer. Seu corpo precisa se movimentar.

Essa foi uma má notícia. Sempre quis um equipamento que fizesse exercício para mim. Adoro quando as máquinas fazem tarefas. Achei a máquina de lavar louça a maior invenção de todos os tempos! Temos lavadoras, secadoras e lava-louças, então por que não uma máquina que se exercita por nós? Mas não é por isso que estamos em um corpo humano: estamos em um corpo humano para ter uma experiência por meio desse corpo, e isso significa que precisamos nos movimentar de vez em quando. Então, primeiro vamos ver como fazer alguns exercícios reais.

CORRER... DA MANEIRA CORRETA

Quando eu estava no treinamento de segurança nuclear, fiquei em forma, apesar de ter asma quando comecei o curso. Quando terminei, podia fazer 59 flexões ou 57 abdominais em um minuto, e tinha o segundo recorde feminino mais rápido na "corrida do rio" – uma corrida de 3,2 quilômetros em Idaho Falls. Isso porque aprendi a respirar e a me movimentar da maneira certa ao correr. Vou explicar isso para você mais tarde. Quando corria, ouvia uma música específica para poder cantá-la, e isso me ajudou a manter o foco. Quando eu ouvia a música enquanto não estava correndo, podia me imaginar correndo novamente. De qualquer forma, quando estava no treinamento de segurança nuclear, corria todos os dias.

A maioria das mulheres corre mais devagar do que os homens. Biologicamente, os homens têm um tônus muscular diferente nas pernas que os ajuda a correr mais rápido e por um período maior. No entanto, correr não é sobre quem pode correr mais rápido ou por mais tempo. A única pessoa com quem você deve competir é consigo mesmo. Se decidir que deseja usar a corrida para se exercitar, não se preocupe com os outros e com o que eles estão fazendo – concentre-se em você.

Se você for correr, há algumas coisas que deve saber sobre a maneira correta. Sempre que vejo alguém correndo, procuro ver se a pessoa sabe o que está fazendo. O que descobri enquanto observava corredores em todo o mundo é que a maioria das pessoas não sabe o modo adequado de correr para se exercitar.

Quando as pessoas dizem que correr faz mal às pernas e aos ossos, é por causa da corrida inadequada e do equipamento precário. A melhor ferramenta que você pode dar a si mesmo é um bom tênis de corrida. Isso faz uma grande diferença quando você corre. Tênis que são projetados para absorver o choque da corrida são essenciais, então você deve escolher o melhor que seu dinheiro possa comprar.

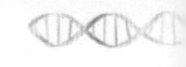

No exército, eles cantam enquanto correm. O truque é que, quando você está cantando, seus pulmões não pensam que estão morrendo por falta de oxigênio. O que acontece com algumas pessoas quando começam a correr é que tentam alinhar a respiração com os passos que estão dando. Então, elas respiram mais pesadamente do que o necessário e começam a hiperventilar. Cantar é uma forma perfeita de equilibrar isso. Se você cantar enquanto corre, vai regular sua respiração. Ter alguém com quem conversar enquanto corre também o ajudará a respirar melhor.

Nas forças armadas, também se ensina como correr para que não se tenha "dores nas canelas". Lá, eles fazem algo chamado "jogar os pés" e correm suavemente, em vez de em uma corrida total como se faz nas Olimpíadas.

Para correr corretamente, você deve correr na planta dos pés, em vez de colocar os calcanhares primeiro. Se você correr com o calcanhar batendo no chão antes do dedo do pé, vai causar lesão nas tíbias. Em vez disso, você deve correr com a almofada médio-inferior do pé em um movimento arrastado, usando a planta dos pés para movê-lo para a frente. Você não está dando passos gigantes, mas passos leves que são muito mais rápidos do que uma caminhada normal.

Um erro que algumas pessoas cometem quando correm longas distâncias é mover os braços para cima e para baixo rapidamente enquanto correm. Essa não é uma boa forma de correr vários quilômetros confortavelmente. A maneira correta é deixar as mãos soltas à sua frente com os braços dobrados ao longo do corpo, com muito pouco movimento para eles. Isso é para que você não gaste energia com movimentos desnecessários dos seus braços. Estranhamente, com o movimento de arrastar os pés, quanto menos você se move, mais pode correr.

Até hoje, ainda me lembro de como é correr ao som da música inspiradora do compositor Yanni. Assim que ouço a canção dele, fico pronta para correr, e já se passaram 20 anos de quando eu estive em treinamento de segurança nuclear usando a música dele como inspiração. Se você tem música para distraí-lo, pode correr melhor.

Se você correr 1,6 quilômetro, vai estimular o coração e a circulação. Isso vai ajudar a manter seu corpo forte. Mas quando se trata de liberar peso correndo, dizem que a primeira milha não conta. Só após qualquer coisa depois do primeiro quilômetro, no entanto, o corpo vai começar a queimar as reservas de gordura. Portanto, você vai começar a perder peso após o primeiro quilômetro, mas, se corresse três a cinco quilômetros todos os dias, perderia peso muito rapidamente.

Há um segredo por trás da corrida: quando você termina a primeira milha, o segundo quilômetro é uma brisa, é o mesmo conceito para uma máquina elíptica. Quando você faz oito minutos em um elíptico, não é tão difícil fazer 30. Portanto, não se assuste com o pensamento de que você tem de fazer 30 minutos de exercício – apenas faça em pequenos passos. Comece com oito minutos e decida se deseja continuar.

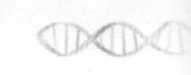

COMEÇANDO

Sempre haverá pessoas que não conseguem se exercitar ou que ficam ativas durante a noite, se você for uma delas, sugiro o uso de diferentes equipamentos para ajudá-lo a se exercitar. Existem aparelhos que podem auxiliar.

A maioria das pessoas, entretanto, movimenta-se o suficiente e fazem exercícios moderados. Aqueles que não se exercitam precisam trabalhar em seus corpos com curas e trabalho de crença para que possam se movimentar. Se você tem problemas físicos reais e, por exemplo, não consegue mover determinado membro, isso requer um trabalho especial de crença. Você também precisa marcar uma consulta com um fisioterapeuta para ajudá-lo a se movimentar. Existem equipamentos para pessoas que não conseguem se mover que estimulam o corpo a fazer a circulação se movimentar. Infelizmente, conheço muitas pessoas que compraram esse aparelho e nunca o utilizaram!

No entanto, a maioria das pessoas pode caminhar para se exercitar, ainda que não consiga correr. Caminhar é um excelente começo. Como acontece com qualquer forma de exercício, contudo, você deve parar se sentir uma dor intensa, diferente da boa e velha dor muscular que você deve ter. Há uma diferença entre a dor muscular e o tipo de dor que indica um músculo rompido ou um acúmulo de toxinas.

Por que algumas pessoas falham

Três dias depois de iniciar uma nova rotina de exercícios, algumas pessoas vão perder o ímpeto e deixar tudo para depois. Você sabe como elas deixam para depois? Elas dizem a si mesmas: "Bom, quando eu comer esta torta de cereja, vou ter de me exercitar, mas faço isso amanhã, porque hoje estou muito cansada".

O que isso significa no que se refere à mente subsconsciente? Quando você está dizendo algo assim, seu subconsciente está dizendo a si mesmo:

"Vou começar a me exercitar amanhã, eu prometo".
"Se o amanhã nunca chegar, nunca terei de me exercitar".

Essas são as palavras e formas-pensamento que levam ao fracasso definitivo. Se forem as primeiras frases que saem de sua boca quando você fala sobre exercícios, seu subconsciente está sabotando-o.

Como você sabe que está sendo sabotado? Porque você está adiando começar algo novo na sua vida. E por quê? A resposta geralmente é medo.

Não é medo de ser gordo. O que é? *Medo de ser magro!*

UM MÉTODO ALTERNATIVO

Há muito tempo li um artigo sobre um experimento com dois times de basquete. Todos os dias, uma equipe praticava e a outra meditava. Durante a meditação, eles visualizavam que estavam praticando por uma hora todos os dias. Quando as duas equipes jogaram entre si, descobriram que tinham o mesmo nível de competência e jogavam com a mesma quantidade de energia. Então, aparentemente, imaginar que você está se exercitando funciona tão bem quanto se exercitar de verdade. Fiquei curiosa para ver se funcionaria para mim, comecei a experimentar.

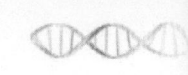

É claro que você pode muito bem pensar: "Por que eu deveria imaginar que estou me exercitando por meia hora quando posso simplesmente me levantar e me exercitar? Se tenho tempo para imaginar, tenho tempo para fazer de verdade".

A resposta é que muitos de nós realmente não têm tempo para fazer exercícios todos os dias. Precisamos de um método alternativo para nos ajudar a liberar peso.

Então aqui está o que fiz: baixei a sensação e o conceito do Criador de que sempre que ouvia uma música específica, meu corpo estava se exercitando.

Eu já havia usado esse método de download antes, para ancorar a energia do tempo desacelerando e alongando com a música *Time Stand Still* do Rush. Isso foi útil quando eu dirigia para ir trabalhar. Se eu ouvisse essa música, parecia que o tempo se tornava milagrosamente lento, e poderia chegar ao trabalho muito mais cedo sem dirigir mais rápido.

A música tem uma influência predominante em nossa vida. Se algo especial acontece enquanto a ouvimos, o evento e a música se tornam um, transcendente e atemporal. É quase como se um pequeno mundo tivesse sido criado, ao qual podemos retornar num momento de necessidade. Quando ouvimos a música, ela traz de volta essas memórias com muita clareza, assim como certos cheiros. A música funciona como uma âncora para essas memórias. É um gatilho para nos ajudar a lembrar da magia. Na verdade, uma das músicas que ouvi quando abri meu escritório pela primeira vez foi *Xanadu*, da Olivia Newton-John, e a letra falava sobre acreditar na magia.

Eu escutava minha música de exercício enquanto usava uma máquina elíptica, para que a canção e o exercício ficassem ancorados em meu corpo e mente. (Usei uma máquina elíptica porque temos inverno onde moro, e esse aparelho é muito melhor do que lutar contra o gelo e os montes de neve.) Como a maioria das músicas dura só quatro minutos, eu tocava a música e depois a tocava novamente. Toquei oito vezes enquanto me exercitava para chegar a 30 minutos tocando.

Então, precisa ser uma música significativa para você. O segredo é que deve ser uma canção que você não ouve o tempo todo no rádio. Tem de ser algo especial, de que realmente goste; algo inspirador, que tenha uma boa batida e lhe dê energia. E tem de ser uma única música. Tentei com várias músicas e com um CD inteiro, mas não funciona da mesma forma. Tem de ser uma canção repetitiva, que lhe dê vontade de se movimentar, que lhe dê vontade de se levantar e dançar, e o ideal é uma que tenha algum tipo de significado espiritual ou inspirador para você, e possa colocá-lo em estado de sonho e lhe deixar em um bom lugar.

Você precisa descobrir quantos minutos a música tem e quantas vezes tem de tocá-la para chegar a 30 minutos.

Em seguida, você precisa fazer de seis a dez repetições enquanto ouve a música, para que ela e o exercício fiquem ancorados no seu cérebro. Isso pode parecer difícil, principalmente se você não faz nenhum exercício há anos, mas pense nisto: se você só precisa se exercitar de oito a dez vezes antes de tocar a música e seu corpo achar que você está se exercitando, isso não é tão ruim, é?

Praticar dez repetições enquanto ouve a música é melhor, mas seis também é bom. Isso significa que você deve se exercitar de três a quatro vezes na primeira semana e de três a quatro vezes na semana seguinte enquanto ouve a música.

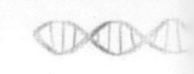

No início, você deve fazer exercícios aeróbicos. Pode ser corrida ou caminhada ou outra forma de exercício aeróbico, mas tem de ser exercício aeróbico porque está comprovado que essa é a melhor forma para ajudar a liberar peso. Na verdade, se você fizesse exercícios aeróbicos quatro vezes por semana por apenas 30 minutos por dia, encontraria seu peso perfeito mais cedo ou mais tarde.

Eu sei que quando algumas pessoas estão começando, elas não conseguem fazer 30 minutos em uma máquina de exercícios (elíptica), muito menos correr por 30 minutos, então é melhor começar devagar. Quando você tiver ido o mais longe que conseguir no primeiro dia, no dia seguinte vá um pouco mais longe.

Você pode fazer só dez minutos de exercício no primeiro dia, 20 no segundo e 30 no terceiro. Mas só precisa fazer 30 minutos de exercício pelo menos seis a oito vezes para ancorar a música.

Sei que algumas pessoas resistirão a essa ideia. A primeira coisa que alguns podem pensar é: "Ah, eu não quero fazer dez repetições, nem mesmo seis". É assim que seu subconsciente os mantém em segurança. O trabalho de crença antes do início do exercício pode eliminar esse tipo de resistência.

Um plano de exercícios que se adapte ao seu estilo de vida também é extremamente importante. Até mesmo dez minutos por dia podem fazer a diferença. Uma sugestão pode ser usar o treinamento com pesos como um suplemento ao exercício aeróbico enquanto ouve sua música especial. A resistência ao peso tem os seguintes benefícios: constrói músculos e reduz a glicose, mesmo quando você está em repouso; ajuda o corpo a usar a insulina corretamente, e evita lesões ao construir músculos e ossos fortes. Alternar entre a parte superior e inferior do corpo é uma boa dica. Para começar, use pesos muito leves. Inicie com cinco a oito repetições, trabalhando gradualmente até 15 a 20 repetições.

Depois de ter ancorado o exercício à música, você terá de se exercitar periodicamente para mantê-lo ancorado – talvez uma vez por semana ou uma vez a cada duas semanas. Mas quando você ouvir sua música especial novamente, logo estará de volta aos exercícios, porque vai sentir vontade de novo – e pode não ter que fazer isso por tanto tempo quanto pensa.

Há muito tempo, foi realizado um estudo a respeito de exercícios. Os pesquisadores descobriram que em apenas oito minutos de exercício você executa toda a rotina do seu coração, trabalhando como se fosse em 30 minutos. Eu acredito que isso seja verdade. Descobri que, em oito minutos, seu corpo passa por todas as mesmas reações físicas que passaria por 30 minutos de exercício. Na verdade, você poderia se exercitar por apenas oito minutos por dia e quase obter o mesmo efeito que se exercitasse por 30 minutos. Então, você só precisará ouvir a música por oito minutos para estimular sua mente a encorajar seu corpo a pensar que está se exercitando e a querer se exercitar novamente. Você vai precisar de fato se exercitar por pelo menos oito minutos por dia a cada duas semanas para ancorar de novo essa forma-pensamento em seu corpo, mas o truque é que isso faz você querer se exercitar mais uma vez!

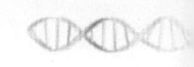

EXERCITAR SEM EXERCITAR

Quando comecei a usar essa técnica em mim mesma, perdia cerca de um quilo a cada dois dias. Como estava perdendo peso tão rapidamente, fiz análises sanguíneas para ter certeza de que não havia nada de errado com minha tireoide. Estava tudo bem e meu colesterol estava lindo. Meu médico ficou animado e queria saber o que eu estava fazendo. Quando lhe disse que estava me exercitando, ele falou: "Continue o programa de exercícios que você está praticando".

Então, aqui está, na íntegra ...

Meu exercício secreto

Oriente um cliente ou a si mesmo durante o processo da seguinte maneira:

- Concentre-se no seu coração e visualize a descida energética para a Mãe Terra, que é parte de Tudo O Que É.
- Visualize a energia subindo pelos pés, abrindo cada chacra até o chacra coronário. Em uma linda bola de luz, suba para o Universo.
- Vá além do Universo, além das camadas de luzes, da luz dourada, da substância gelatinosa que são as Leis,

a uma luz perolada iridescente branca como a neve, no Sétimo Plano de Existência.

- Dê o comando: "Criador de Tudo O Que É, comando ou pedido baixar para mim e para esta música a sensação e o conceito de que sempre que a ouço, meu corpo está se exercitando. Gratidão. Está feito. Está feito. Está feito".
- Imagine a energia descendo para o seu espaço por meio de cada célula do seu corpo.
- Quando terminar, conecte-se de volta à energia de Tudo O Que É, respire fundo e faça uma quebra energética, se assim preferir.
- Encontre alguma música de que goste e exercite-se com ela de seis a dez vezes. Você pode fazer qualquer exercício que quiser, contanto que seja aeróbico. Isso vai ancorar essa música em cada célula do seu corpo.
- Depois, baixe a sensação e saiba que toda vez que você tocar a música, seu corpo vai pensar que está se exercitando.
- Em seguida, dê um passo adiante e faça o download de que seu corpo estava se exercitando sempre que você ouviu a música no passado.
- Toque a música pelo menos três vezes por semana e, se puder, exercite-se tanto quanto possível usando aeróbica ou dança.

• •

Depois de um tempo, apenas escutar a música vai lhe dar vontade de se exercitar. E toda vez que você ouvi-la, seu corpo vai achar que está se exercitando e você vai liberar peso, mesmo que não esteja se exercitando fisicamente.

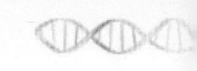

Se você fizer um treino abdominal no final ao ouvir a música, seu corpo pensará que você está fazendo um treino abdominal quando, na verdade, não está se exercitando. Isso pode ser particularmente benéfico.

Eu tentei esse processo com pesos, mas descobri que eles não têm o mesmo movimento repetitivo e, portanto, o mesmo efeito. Da mesma forma, sobrepor o treino com diferentes tipos de exercício – por exemplo, três minutos de corrida e alguns minutos de outro exercício – não teve o mesmo efeito para mim. Trabalhei nisso por cerca de seis meses e descobri que os verdadeiros resultados vieram dos exercícios aeróbicos. O exercício aeróbico faz com que você libere peso rapidamente e é fácil de ancorar, mas não estou dizendo que levantar pesos e fazer outras rotinas não vão funcionar. Experimente várias rotinas de exercícios e veja o que é melhor para você.

Você pode até fazer seu exercício enquanto assiste à TV com o volume baixo, desde que ouça sua música enquanto faz isso. Caso contrário, estará apenas treinando seu corpo para assistir à TV e se exercitar, e isso pode não ser consistente em seu programa.

Você pode ter uma música diferente para os vários tipos de exercícios aeróbicos que escolher fazer. Por exemplo, pode usar uma esteira em um dia e dança aeróbica no dia seguinte, e usar duas músicas distintas.

Se você ficar entediado com sua música e quiser alterá-la, pode começar o processo novamente. Você pode precisar fazer isso ao soltar uma camada de gordura.

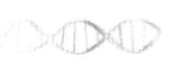

Sempre que ouço minha música de exercícios:

1. Quero me exercitar e...
2. Acho que estou me exercitando.

Há momentos em que não tenho 30 minutos para me exercitar todos os dias, mas levo 30 minutos para chegar ao trabalho, então toco minha música no caminho para que meu corpo pense que está se exercitando. É provável que a canção esteja ativando o hipotálamo e os hormônios do corpo, e atingindo todas as partes primitivas do cérebro.

Eu escolhi uma música muito simples, de modo que tivesse certeza de que meu corpo passaria por todos os movimentos do exercício. Mas sei que há partes dela em que passo por uma série de eventos em minha mente. Lembro-me de um filme, lembro-me de caminhar pelas montanhas, vejo-me na minha máquina de exercícios – e tudo isso passa pela minha mente enquanto estou dirigindo!

O PLATÔ DE CRENÇAS E MEDOS

Tive grande sucesso inicial com minha música de exercício, mas dois meses depois descobri que simplesmente não queria mais tocá-la. Ouvi-la trouxe à tona minhas crenças, tanto negativas quanto positivas, sobre como liberar peso.

Memórias de um relacionamento passado voltaram para mim – uma com um namorado violentamente ciumento. Certa vez, fui ao hospital com uma infecção na bexiga e um enfermeiro começou a falar comigo de forma carinhosa. Eu sabia que ele era *gay* e estava apenas sendo amigável, mas meu namorado achava que o rapaz estava flertando comigo. Ao voltar para casa, ele me jogou pela sala em um acesso de ciúme. Na época eu era magra, só agora descobri que acreditava que poderia ter problemas se fosse magra. Tive de liberar essa crença e os sentimentos associados para que pudesse continuar ouvindo a música e a me livrar do peso. Esse é um exemplo de por que é tão importante que você continue com o trabalho que mostra crença enquanto libera peso.

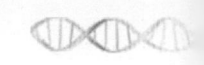

Outro exemplo surgiu quando Guy e eu fizemos uma viagem de 40 dias pela Europa em 2011. A certa altura, ele me deixou sozinha por um minuto em um aeroporto. Um homem se aproximou, sentou-se ao meu lado e começou a flertar comigo. Quando Guy voltou e olhou para ele, o homem se levantou, obviamente desapontado, e saiu. Isso não aborreceu muito Guy, mas me deixou muito assustada. Com Guy ao meu lado, realmente não preciso me preocupar com esse tipo de coisa. Mas com Guy longe e um homem sedutor sentado ao meu lado, eu estava absolutamente apavorada de ter problemas com meu marido. Refletindo, percebi que esses sentimentos não tinham nada a ver com meu relacionamento atual, mas com um relacionamento que tinha acontecido há mais de 20 anos.

Quando você começar a resistir à música, como fiz, vai saber que outra camada de crenças precisa ser eliminada. Quando fizer isso, no entanto, será capaz de continuar e não vai ficar preso a um peso específico. Você também vai se fascinar com a maneira com a qual ganha uma compreensão mais profunda de si mesmo à medida que trabalha em cada camada de crenças.

Como dou aulas no momento, não tenho muito tempo para me exercitar, mas ainda ouço minha canção de exercícios todos os dias para me manter estimulada. Enquanto volto para casa ouvindo música, posso estar dirigindo, pensando em 100 coisas, mas como estou ouvindo música, sempre sou levada a pensar na máquina elíptica e nos exercícios.

Se estou em casa quando ponho a música, desço e faço exercícios. Honestamente, não tenho de lutar comigo mesma... muito.

Um dia, minha neta Jena e eu estávamos no carro a caminho de uma loja e eu lhe disse: "Eu tenho que fazer exercícios, Jena – você só vai ter de me perdoar".

Ela perguntou: "O que você está fazendo, vovó?"

Eu expliquei: "Tenho que ouvir essa música oito vezes para que eu possa fazer meu exercício".

Quando estava ouvindo a música pela sexta vez, Jena se virou para mim e disse: "Caramba, isso está funcionando. Estou suando como um louca!"

Capítulo 8

Liberando as Camadas

Depois de fazer esse programa por cerca de dois meses e estar no caminho para seu peso perfeito, você pode descobrir que não quer mais continuar com ele. Isso ocorre porque você atingiu a próxima camada de crenças.

Aqui está o que acontece: toxinas em forma de emoções e poluentes físicos estão sendo liberados. Algumas das emoções que surgem serão idênticas às que já foram liberadas e substituídas nas sessões de trabalho de crenças no passado. Isso porque, à medida que as células de gordura no seu corpo são adicionadas em um determinado momento de sua vida, elas retêm em si os programas e os sentimentos daquela época em uma espécie de estado encapsulado e indeterminado – de animação suspensa. Portanto, conforme esses sentimentos são liberados por meio de exercícios, você descobre que está lidando com os mesmos tipos de programas de antes. Você pode se perguntar por que um programa "retornou". Mas ele não "retornou" na verdade; ele simplesmente foi liberado das células de gordura onde foi armazenado pelo corpo para protegê-lo.

Assim, à medida que nos exercitamos e liberamos as camadas de gordura, a cada camada temos de lidar com sentimentos, memórias, toxinas e programas estabelecidos nela. E assim por diante, à proporção que cada nova camada é descascada da "cebola", como diz o ditado.

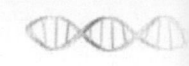

UMA CAMADA DE CADA VEZ...

A maioria dos programas que você vai encontrar nas camadas que está liberando refere-se a medos, de um tipo ou de outro:

- Medo da inveja dos outros.
- Medo de ser menor.
- Medo de se perder.
- Medo de perder alguém porque você é diferente do que era.
- Medo de mudança.

A melhor maneira de lidar com esses medos, e quaisquer outros programas e sentimentos na camada que você alcançou, é tirar uma ou duas semanas de folga e trabalhar em si mesmo com o trabalho da crença. Em seguida, reinicie o programa de exercícios. Você pode continuar com sua música antiga ou ancorar uma nova canção que o atraia para a próxima camada de liberação de peso.

A música que eu ouvia na primeira camada da minha liberação de peso me lembrava de como a iluminação, a justiça e o bem sempre triunfam sobre a escuridão e o mal, porque era isso que estava experimentando e o que havia sido encapsulado nas células de gordura dessa camada.

Quando descobri que estava em uma camada completamente nova, trabalhei em mim mesma com o trabalho de crença e, depois de um tempo, descobri que minhas necessidades tinham mudado porque substituí e libertei muitas crenças negativas. Eu não precisava mais da energia da velha música da dualidade – necessitava do vigor de algo novo. Eu tinha ouvido a música antiga por oito meses, estava na hora de mudar de marcha. A nova música que ancorei era sobre a vida ser boa e o fato de que eu tinha "conseguido". No entanto, descobri que precisava passar por todo o processo explicado na passo 5 para ancorar a nova música.

É importante saber que não encontramos novas camadas de crença apenas por causa da liberação de peso. Elas aparecem em momentos diferentes de nossas vidas, geralmente quando estamos estressados em razão de algum tipo de mudança. Isso abre novas camadas na mente inconsciente, e podem ser de crenças idênticas às que você acha que já tinham sido liberadas e substituídas.

MEDO DE SE PERDER

Se você tem estado com sobrepeso por muito tempo, perder peso pode fazer você se sentir como se estivesse perdendo a si mesmo.

Uma coisa que vai ajudá-lo é estar consciente do seu corpo. Faça isso da seguinte forma:

- Esfregue seu corpo onde está a gordura – em algum lugar, por exemplo, na barriga.
- Enquanto esfrega a região do estômago, pense no tempo passado. Se você já foi magro, volte para essas memórias.
- Lembre-se de como era fácil ser magro. Para a maioria das pessoas, isso também traz de volta a energia da juventude.

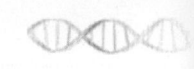

- Então, enquanto você continua esfregando sua barriga, como uma âncora, baixe esses sentimentos do Criador para você. Isso ajuda a recuperar o sol dourado da juventude e a sensação de seu peso perfeito.

Se as memórias associadas à força da juventude o assustam, você precisa limpar essas energias negativas para criar algo novo.

Estar consciente do seu tamanho e do seu corpo é importante. Descobri que pessoas extremamente obesas raramente se olham no espelho. Só quando passam pela vitrine de uma loja de departamentos é que ficam chocadas com seu tamanho. Mesmo assim, há momentos em que desconsideram o que viram e dizem a si mesmas que são felizes do jeito que são.

Isso é uma dissociação da realidade e do corpo. É por isso que você precisa tocar seu corpo e se ver magro – isso vai reconectá-lo ao seu corpo e também o ajudará a passar para a próxima camada de liberação de peso.

MEDO DO SUCESSO

Estranhamente, talvez, os problemas que com mais frequência nos impedem no caminho do nosso peso perfeito são os relacionados ao sucesso. Se você não conseguir se mover em direção ao seu peso perfeito, diga a si mesmo: "Ok, isso não funcionou. Não é um grande problema". Se você tiver sucesso, isso trará mudanças. O que pode ser assustador.

Uma razão para isso é que você vai se ver de maneira diferente e o mundo também o verá assim. Como o mundo vai percebê-lo se você for magro e forte? Com amor ou com inveja? Qual será? Ou algo totalmente diferente? Esse é um medo do desconhecido que você tem de enfrentar se liberar peso.

O ThetaHealing ensina que tudo é um produto dos nossos sistemas de crenças – nós literalmente criamos nossa própria realidade com base em nossos pensamentos e nossa divindade – porque somos parte de Deus. Criamos nossa própria realidade divina, e depende de nós se essa realidade é boa, má ou indiferente.

Portanto, acreditamos que não ter nosso peso ideal tem mais a ver com nossas crenças do que podemos imaginar. Estar acima ou abaixo do peso pode ser uma projeção da nossa autoimagem, e isso se baseia no que sentimos sobre nós mesmos. Novamente, isso pode ser bom, ruim ou indiferente.

Se você está acima do peso, há razões para isso, e uma delas pode ser que seu subconsciente esteja tentando protegê-lo do que considera uma ameaça. O subconsciente só sabe o que é ensinado, e se for ensinado, por exemplo, que os relacionamentos são ruins, isso o deixará acima do peso para que você tenha uma desculpa para não entrar em um relacionamento.

Existem muitas razões diferentes pelas quais as pessoas estão acima do peso, como já vimos. Cada uma é uma projeção de nossa autoimagem. Assim, à medida que exploramos nossos corpos e como nos sentimos sobre nós mesmos, vemos que estar acima do peso não é necessariamente uma autoimagem ruim. Às vezes, ele serve ao seu propósito de uma forma elevada e divina.

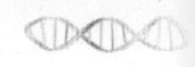

Em última análise, cabe a nós mudar o que acreditamos. No ThetaHealing, queremos ensinar às pessoas que elas podem ter pensamentos divinos, essência divina e gozar da melhor saúde. Esse programa de peso é para aquelas pessoas que são intuitivas; que percebem que não há separação entre mente, corpo e alma; e que estão dispostas a arriscar para entender por que fazemos o que estamos habituados e como podemos mudar nossas projeções pessoais.

Capítulo 9

Dietas Sugeridas

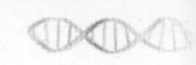

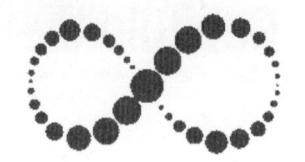

Algumas pessoas acham que não vão perder peso, a menos que façam uma dieta. Isso ocorre porque elas fizeram dietas com sucesso no passado e precisam da estrutura que uma dieta oferece.

A DIETA DO DIABETES

Se você precisa ou quer fazer dieta, recomendo a dieta para diabetes, pois ela ensina a comer em pequenas porções ao longo do dia e a contar os carboidratos. Mas entenda uma coisa: o exercício ainda é a chave e, para se exercitar, você precisa superar o medo de que fazer exercício dói.

Com a dieta para diabetes, você come apenas 30 carboidratos por refeição e 15-20 carboidratos por lanche, mas tem de comer três vezes ao dia e também lanchar duas vezes ao dia.

A tabela a seguir mostra como contar carboidratos em diferentes tipos de alimentos.

Contador de carboidratos: amidos		
Tipo de alimento	**Quantidade da porção**	**Carboidratos por porção**
Rosquinha (*bagel*)	1 unidade (28 g)	15
Pão de baixas calorias	2 fatias (45 g)	15
Pão branco/integral	1 fatia (28 g)	15
Palito de pão crocante	4 unidades (18 g)	15
Muffin inglês	1/2	15
Cachorro-quente/pão de hambúrguer	1/2 (28 g)	15
Pão naan (5 cm)	1 (28 g)	15
Panqueca (10 cm)	1	15
Pão pita (15 cm)	1	15
Bisnaguinhas	1 (28 g)	15
Pão de passas sem cobertura	1 fatia (28 g)	15
Tortilha de milho (15 cm)	1	15
Tortilha de farinha (15 cm)	1	15
Tortilha de farinha (25 cm)	1/3	15
Waffle com baixo teor de gordura (10 cm)	1	15
Cereais	1/2 xícara (75 g)	15
Triguilho	1/2 xícara (75 g)	15
Cereais cozidos	1/2 xícara (75 g)	15
Cereais não adoçados	3/4 xícara (113 g)	15
Fubá	3 colheres de sopa	15
Cuscuz	1/3 xícara (50 g)	15
Farinha seca	3 colheres de sopa	15
Granola com baixo teor de gordura	1/4 xícara (38 g)	15

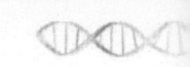

Contador de carboidratos: amidos		
Tipo de alimento	Quantidade da porção	Carboidratos por porção
Cereal matinal	1/4 xícara (38 g)	15
Polenta ou angu	1/2 xícara (75 g)	15
Kasha (mingau russo)	1/2 xícara (75 g)	15
Painço	1/3 xícara (50 g)	15
Musli (cereais)	1/4 xícara (38 g)	15
Aveia	1/2 xícara (75 g)	15
Macarrão	1/3 xícara (50 g)	15
Cereal industrializado	1 1/2 xícara (225 g)	15
Arroz branco ou integral	1/3 xícara (50 g)	15
Cereais integrais	1/2 xícara (75 g)	15
Cereal glaceado	1/2 xícara (75 g)	15
Gérmen de trigo	3 colheres de sopa	15
Feijão cozido	1/3 xícara (50 g)	15
Milho (milho doce)	1/2 xícara (100 g)	15
Espiga grande de milho	1/2 espiga (150 g)	15
Vegetais variados	1 xícara (200 g)	15
Ervilhas	1/2 xícara (100 g)	15
Banana-da-terra	1/2 xícara (100 g)	15
Batata cozida	1/2 média (75 g)	15
Batata assada com casca	1/4 grande (75 g)	15
Purê de batatas	1/2 xícara (100 g)	15
Abóbora (moranga)	1 xícara (200 g)	15
Inhame ou batata-doce	1/2 xícara (100 g)	15
Biscoitos de bichinhos	8 unidades	15

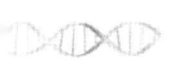

Contador de carboidratos: amidos

Tipo de alimento	Quantidade da porção	Carboidratos por porção
Biscoitos *Graham* (biscoitos digestivos) (6 cm de diâmetro)	3 unidades	15
Matzá (biscoito *kosher*)	20 g	15
Torradas	4 fatias	15
Biscoitos de ostra	20 unidades	15
Pipoca (sem ou com baixo teor de gordura)	3 xícaras (575 g)	15
Pretzels (rosquinha alemã)	20 g	15
Biscoitos de arroz (10 cm)	2 unidades	15
Biscoito salgado	6 unidades	15
Batata *chips* (assadas sem gordura)	15 a 20 unidades (20 g)	15
Biscoito de farinha de trigo integral	2 a 5 unidades (20 g)	15
Feijões e ervilhas (grão-de-bico, feijão--roxo, feijão-branco, ervilha quebrada, feijão-fradinho)	1/2 xícara (100 g)	15
Feijão-manteiga	2/3 xícara (125 g)	15
Lentilha	1/2 xícara (75 g)	15
Missô	3 colheres de sopa	15
Biscoito (6 cm)	1 unidade	15
Pão de milho (5 cm)	1 (60 g)	15
Macarrão asiático (*chow mein*)	1/2 xícara (100 g)	15
Biscoito de manteiga	6 unidades	15
Croutons	1 xícara (200 g)	15

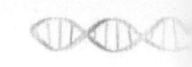

Batatas fritas (assadas em forno)	1 xícara (50 g)	15
Húmus	1/3 xícara (65 g)	15
Muffin (150 g)	1/5 (28 g)	15
Biscoito recheado (com queijo ou manteiga de amendoim)	3 unidades	15
Chips (batata, tortilha)	9 a 13 unidades (20 g)	15
Tacos (12 cm)	2 unidades	15
Biscoito integral	4 a 7 unidades (28 g)	15

Contador de carboidratos: frutas		
Tipo de alimento	**Tamanho da porção**	**Carboidratos por porção**
Maçã pequena com casca	1 (120 g)	15
Purê de maçã não adoçado	1/2 xícara (100 g)	15
Maçãs secas	4 unidades	15
Damascos frescos	4 unidades inteiras (165 g)	15
Damascos secos	8 metades	15
Damascos em calda	1/2 xícara (100 g)	15
Banana pequena	1 (120 g)	15
Amoras	3/4 xícara (150 g)	15
Mirtilos	3/4 xícara (150 g)	15
Melão cantaloupe pequeno	1/2 (325 g)	15
Cerejas doces frescas	12 (75 g)	15
Cerejas doces em calda	1/2 xícara (100 g)	15
Tâmaras	3 unidades	15
Figos frescos	1 1/2 (100 g)	15
Figos secos	1 1/2	15

Contador de carboidratos: frutas

Tipo de alimento	Tamanho da porção	Carboidratos por porção
Salada de frutas em lata	1/2 xícara (100 g)	15
Grapefruit fresco grande	1/2 (325 g)	15
Pedaços de grapefruit em calda	3/4 xícara (150 g)	15
Uvas pequenas	17 (75 g)	15
Melão verde	1 fatia (300 g)	15
Kiwi	1 (100 g)	15
Tangerinas em calda	3/4 xícara (150 g)	15
Manga pequena	1/2 (165 g)	15
Nectarina pequena	1 (150 g)	15
Laranja pequena	1 (190 g)	15
Mamão	1/2 (250 g)	15
Pêssego fresco médio	1 (175 g)	15
Pêssegos em lata	1 (175 g)	15
Pera fresca grande	1/2 (125 g)	15
Peras em lata	1/2 xícara (100 g)	15
Abacaxi fresco	3/4 xícara (150 g)	15
Abacaxi em calda	1/2 xícara (100 g)	15
Ameixa fresca pequena	2 (150 g)	15
Ameixa em calda	1/2 xícara (100 g)	15
Ameixas secas	3 unidades	15
Uvas-passas	2 colheres de sopa	15
Framboesas	1 xícara (200 g)	15
Morangos	1 1/4 xícara (250 g)	15
Tangerinas pequenas	2 (250 g)	15
Melancia	1 fatia (415 g)	15
Suco de maçã não adoçado	120 ml	15

| Suco de *cranberry* | 80 ml | 15 |

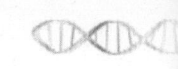

Contador de carboidratos: frutas

Tipo de alimento	Tamanho da porção	Carboidratos por porção
Suco de *cranberry* com calorias reduzidas	240 ml	15
Suco de frutas variadas (100% frutas)	80 ml	15
Suco de uva	80 ml	15
Suco de grapefruit	120 ml	15
Suco de laranja	120 ml	15
Suco de abacaxi	120 ml	15
Suco de ameixa seca	120 ml	15

Contador de carboidratos: laticínios

Tipo de alimento	Tamanho da porção	Carboidratos por porção
Leite desnatado	240 ml	12
Leite a 0,5%	240 ml	12
Leite a 1%	240 ml	12
Leite a 2%	240 ml	12
Leite fermentado com lactobacilos	240 ml	12
Leite integral	240 ml	12
Leite integral vaporizado	120 ml	12
Leite de cabra	240 ml	12
Soro de leite coalhado	240 ml	12
Leite sem gordura vaporizado	120 ml	12

Contador de carboidratos: laticínios

Tipo de alimento	Tamanho da porção	Carboidratos por porção
Leite em pó sem gordura	1/2 xícara (47 g)	12
Leite de soja (sem gordura ou com baixo teor de gordura)	240 ml	12
Iogurte (sem gordura, saborizado, adoçado com frutose)	175 g	12
Iogurte puro sem gordura	175 g	12
Kefir	240 ml	12
Iogurte puro (feito de leite integral)	250 g	12

Contador de carboidratos: alimentos combinados

Tipo de alimento	Tamanho da porção	Carboidratos por porção
Macarrão com atum assado	1 xícara (250 g)	30
Lasanha	1 xícara (250 g)	30
Espaguete com almôndegas	1 xícara (250 g)	30
Feijão com *chilli* (carne moída)	1 xícara (250 g)	30
Macarrão com molho de queijo	1 xícara (250 g)	30
Legumes salteados (sem macarrão ou arroz)	2 xícaras (500 g)	15
Salada de atum/frango	1/2 xícara (100 g)	8
Refeições congeladas	425 g a 525 g	45

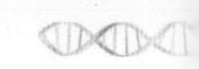

Contador de carboidratos: alimentos combinados

Tipo de alimento	Tamanho da porção	Carboidratos por porção
Hambúrguer de soja (sem carne)	75 g	8
Hambúrguer de legumes e amido	75 g	15
Pizza de queijo de massa fina	140 g a 150 g	30
Pizza de massa fina com recheio de carne	150 g	30
Empada	1 unidade (200 g)	38
Refeição com menos de 340 calorias	250 g a 325 g	30-45
Sopa de feijão	240 ml	15
Sopa creme	240 ml	15
Sopa instantânea	175 ml	15
Sopa instantânea com lentilhas ou feijão	240 ml	38
Sopa de tomate	240 ml	15
Sopa de ervilha partida	120 ml	15
Sopas de legumes, carne, frango, macarrão ou caldos	240 ml	15

Contador de carboidratos: lanches

Tipo de alimento	Tamanho da porção	Carboidratos por porção
Bolo pão-de-ló sem cobertura	60 g	30
Brownie pequeno sem cobertura	28 g	15

Contador de carboidratos: lanches

Tipo de alimento	Tamanho da porção	Carboidratos por porção
Bolo sem cobertura	28 g	15
Bolo com cobertura	28 g	30
Biscoitos ou biscoitos recheados	128 g	15
Doce gelatinoso de *cranberry*	1/4 xícara (50 g)	23
Cupcake com cobertura	1 pequeno (60 g)	30
Biscoito sem açúcar	3 pequenos ou 1 grande (21-28 g)	15
Bolinho simples (*donut*)	1 médio (40 g)	23
Donuts glaceados	60 g	30
Barras energéticas para esporte	1 barra (60 g)	30
Torta *crumble* de frutas	1/2 xícara (100 g)	45
Suco 100% de frutas congelado	1 1/2 colher de sopa	15
Balas de gelatina de frutas	1 unidade (21 g)	15
Geleias 100% fruta	1 1/2 colher de sopa	15
Gelatina normal	1 1/2 colher de sopa	15
Biscoitos de gengibre	3 unidades	15
Barra de cereais – normal ou com baixo teor de gordura	1 unidade (28 g)	23
Mel	1 colher de sopa	15
Sorvete normal	1/2 xícara (100 g)	15
Sorvete *light*	1/2 xícara (100 g)	15
Sorvete com baixo teor de gordura	1/2 xícara (100 g)	23

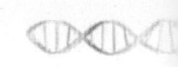

Contador de carboidratos: lanches		
Tipo de alimento	**Tamanho da porção**	**Carboidratos por porção**
Sorvete sem açúcar e sem gordura	1/2 xícara (100 g)	15
Geleia normal	1 colher de sopa	15
Leite integral com achocolatado	1 xícara (240 ml)	30
Torta de frutas (com cobertura de massa)	20 cm	45
Torta creme de abóbora	20 cm	30
Pudim (feito com leite de baixo teor de gordura)	1/2 xícara (100 g)	30
Pudim sem açúcar e sem gordura	1/2 xícara (100 g)	15
Shake de baixa caloria para substituição de refeição	120 ml	23
Leite de arroz sem gordura ou com baixo teor de gordura	240 ml	15
Leite de arroz saborizado com baixo teor de gordura	240 ml	23
Molho de salada sem gordura	60 ml	15
Sorbet (gelato)	1/2 xícara (100 g)	30
Molho de tomate em lata	1/2 xícara (100 g)	15
Bebidas isotônicas	240 ml	15
Açúcar	1 colher de sopa	15
Doce de massa folhada	1 (65 g)	38

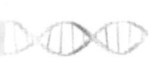

Contador de carboidratos: lanches

Tipo de alimento	Tamanho da porção	Carboidratos por porção
Calda *light*	2 colheres de sopa	15
Calda normal	1 colher de sopa	15
Calda normal	4 colheres de sopa	60
Biscoito *wafer* de baunilha	5 unidades	15
Frozen iogurte	1/2 xícara (100 g)	15
Frozen iogurte sem gordura	1/2 xícara (65 g)	15
Frozen iogurte sem gordura com fruta	1 xícara (200 g)	45

Contador de carboidratos: *fast-food*

Tipo de alimento	Tamanho da porção	Carboidratos por porção
Burrito	150 g-200 g	45
Nuggets de frango	6	15
Peito e asa de frango (empanado e frito)	1 de cada	15
Sanduíche de frango grelhado	1	30
Asas de frango picantes	6	0
Sanduíche de peixe com molho tártaro	1	45
Batatas fritas (*chips*)	1 porção média (150 g)	60
Hambúrguer normal	1	30
Hambúrguer grande	1	30
Cachorro-quente com pão	1	15
Pizza de frigideira individual	1	75

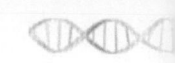

Contador de carboidratos: *fast-food*

Tipo de alimento	Tamanho da porção	Carboidratos por porção
Pizza de queijo de massa fina	175 g	38
Pizza de carne de massa fina	175 g	38
Sorvete de casquinha (de máquina)	1 pequeno	38
Sanduíche italiano	15 cm	53
Sanduíche italiano com menos de 6 gramas de gordura	15 cm	45
Taco mole/duro	1-85 g - 100 g	15

Contador de carboidratos: alimentos "livres"
Você pode comer três porções destes de uma vez (todas do mesmo ou todas diferentes)

Tipo de alimento	Tamanho da porção	Carboidratos por porção
Requeijão (sem gordura)	1 colher de sopa	5
Creme para café sem lactose	1 colher de sopa	5
Creme para café sem lactose em pó	2 colheres de sopa	5
Maionese sem gordura	1 colher de sopa	5
Maionese com baixo teor de gordura	1 colher de sopa	5
Margarina sem gordura	4 colheres de sopa	5
Margarina com baixo teor de gordura	1 colher de sopa	5

Contador de carboidratos: alimentos "livres" Você pode comer três porções destes de uma vez (todas do mesmo ou todas diferentes)		
Tipo de alimento	Tamanho da porção	Carboidratos por porção
Maionese temperada sem gordura	1 colher de sopa	5
Maionese temperada com reduzido teor de gordura	1 colher de sopa	5
Molho para salada, sem gordura ou com baixo teor de gordura	1 colher de sopa	5
Molho de salada italiano, sem gordura	2 colheres de sopa	5
Creme azedo (*sour cream*), com baixo teor de gordura	1 colher de sopa	5
Chantilly normal	1 colher de sopa	5
Chantilly light ou sem gordura	2 colheres de sopa	5

Contador de carboidratos: alimentos sem açúcar		
Tipo de alimento	Tamanho da porção	Carboidratos por porção
Bala dura	1	5
Sobremesa de gelatina, gelatina, goma sem sabor, geleia ou marmelada *light*	2 colheres de sopa	5
Calda	2 colheres de sopa	5

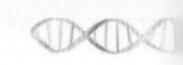

Contador de carboidratos: bebidas		
Tipo de alimento	Tamanho da porção	Carboidratos por porção
Cacau em pó não adoçado	1 colher de sopa	5
Café preto	qualquer	0
Refrigerantes *diets*	qualquer	0
Sucos em pó sem açúcar	qualquer	0
Chá, preto ou de ervas	qualquer	0
Água tônica, sem açúcar	qualquer	0

Contador de carboidratos: condimentos		
Tipo de alimento	Tamanho da porção	Carboidratos por porção
Ketchup	1 colher de sopa	5
Raiz forte	1 colher de sopa	5
Suco de limão	1 colher de sopa	5
Suco de limão siciliano	1 colher de sopa	5
Mostarda	1 colher de sopa	5
Picles	1 colher de sopa	5
Pepino em conserva	1 1/2 médio	5
Picles agridoce	2 fatias	5
Picles doce (pepino japonês)	20 g	5
Molho apimentado	1/4 xícara (50 g)	5
Molho de soja, normal ou *light*	1 colher de sopa	5
Molho para taco	1 colher de sopa	5
Vinagre	1 colher de sopa	0
Iogurte	2 colheres de sopa	5

Contador de carboidratos: temperos		
Tipo de alimento	**Tamanho da porção**	**Carboidratos por porção**
Extratos aromatizantes	qualquer	0
Alho	qualquer	0
Ervas, frescas ou secas	qualquer	0
Malagueta	qualquer	0
Especiarias	qualquer	0
Tabasco ou molho de pimenta	qualquer	0
Vinho, usado ao cozinhar	qualquer	0
Molho inglês	Qualquer	0

Contador de carboidratos: legumes e vegetais Um vegetal cozido equivale a 1/2 xícara (100 g) ou cru a 1 xícara (200 g) = 5 carboidratos		
Tipo de alimento	**Tamanho da porção**	**Carboidratos por porção**
Alcachofras	1/2 xícara (100 g) cozido ou 1 xícara (200 g) cru	5
Corações de alcachofra	1/2 xícara (100 g) cozido ou 1 xícara (200 g) cru	5
Aspargos	1/2 xícara (100 g) cozido ou 1 xícara (200 g) cru	5
Feijão (verde, manteiga, vagem)	1/2 xícara (100 g) cozido ou 1 xícara (200 g) cru	5
Brotos de feijão	1/2 xícara (100 g) cozido ou 1 xícara (200 g) cru	5
Beterraba	1/2 xícara (100 g) cozido ou 1 xícara (200 g) cru	5

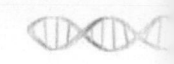

Contador de carboidratos: legumes e vegetais Um vegetal cozido equivale a 1/2 xícara (100 g) ou cru a 1 xícara (200 g) = 5 carboidratos		
Tipo de alimento	**Tamanho da porção**	**Carboidratos por porção**
Brócolis	1/2 xícara (100 g) cozido ou 1 xícara (200 g) cru	5
Couve-de-bruxelas	1/2 xícara (100 g) cozido ou 1 xícara (200 g) cru	5
Repolho	1/2 xícara (100 g) cozido ou 1 xícara (200 g) cru	5
Cenouras	1/2 xícara (100 g) cozido ou 1 xícara (200 g) cru	5
Couve-flor	1/2 xícara (100 g) cozido ou 1 xícara (200 g) cru	5
Aipo	1/2 xícara (100 g) cozido ou 1 xícara (200 g) cru	5
Pepino	1/2 xícara (100 g) cozido ou 1 xícara (200 g) cru	5
Berinjela	1/2 xícara (100 g) cozido ou 1 xícara (200 g) cru	5
Cebolinhas	1/2 xícara (100 g) cozido ou 1 xícara (200 g) cru	5
Verdes (couve, couve-kale, mostarda, nabo)	1/2 xícara (100 g) cozido ou 1 xícara (200 g) cru	5
Couve-rábano	1/2 xícara (100 g) cozido ou 1 xícara (200 g) cru	5

Contador de carboidratos: legumes e vegetais Um vegetal cozido equivale a 1/2 xícara (100 g) ou cru a 1 xícara (200 g) = 5 carboidratos		
Tipo de alimento	Tamanho da porção	Carboidratos por porção
Alho-poró	1/2 xícara (100 g) cozido ou 1 xícara (200 g) cru	5
Mix de vegetais (sem milho, ervilha ou macarrão)	1/2 xícara (100 g) cozido ou 1 xícara (200 g) cru	5
Cogumelos	1/2 xícara (100 g) cozido ou 1 xícara (200 g) cru	5
Quiabo	1/2 xícara (100 g) cozido ou 1 xícara (200 g) cru	5
Cebola	1/2 xícara (100 g) cozido ou 1 xícara (200 g) cru	5
Ervilha-torta	1/2 xícara (100 g) cozido ou 1 xícara (200 g) cru	5
Pimenta (todos os tipos)	1/2 xícara (100 g) cozido ou 1 xícara (200 g) cru	5
Rabanetes	1/2 xícara (100 g) cozido ou 1 xícara (200 g) cru	5
Folhas verdes (endívia, escarola, alface, alface-romana, espinafre)	1/2 xícara (100 g) cozido ou 1 xícara (200 g) cru	5
Repolho em conserva	1/2 xícara (100 g) cozido ou 1 xícara (200 g) cru	5
Espinafre	1/2 xícara (100 g) cozido ou 1 xícara (200 g) cru	5

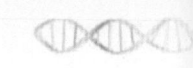

Contador de carboidratos: legumes e vegetais Um vegetal cozido equivale a 1/2 xícara (100 g) ou cru a 1 xícara (200 g) = 5 carboidratos		
Tipo de alimento	Tamanho da porção	Carboidratos por porção
Abobrinha amarela	1/2 xícara (100 g) cozido ou 1 xícara (200 g) cru	5
Tomates	1/2 xícara (100 g) cozido ou 1 xícara (200 g) cru	5
Tomates em lata	1/2 xícara (100 g) cozido ou 1 xícara (200 g) cru	5
Molho de tomate	1/2 xícara (100 g) cozido ou 1 xícara (200 g) cru	5
Tomate/suco vegetal	1/2 xícara (100 g) cozido ou 1 xícara (200 g) cru	5
Nabos	1/2 xícara (100 g) cozido ou 1 xícara (200 g) cru	5
Castanhas-de-água	1/2 xícara (100 g) cozido ou 1 xícara (200 g) cru	5
Agrião	1/2 xícara (100 g) cozido ou 1 xícara (200 g) cru	5
Abobrinha italiana	1/2 xícara (100 g) cozido ou 1 xícara (200 g) cru	5

A DIETA DO HOSPITAL MEMORIAL DO SAGRADO CORAÇÃO

Essa dieta é para quem quer emagrecer aceleradamente. É do Hospital Memorial do Sagrado Coração e é usada em pacientes cardíacos que precisam perder peso rapidamente, em geral antes da cirurgia.

Sopa básica para queima de gordura

Esta sopa pode ser tomada sempre que você tiver fome e pode comer o quanto quiser. Ela não adiciona muitas calorias à sua dieta e, quanto mais você comer, mais peso vai perder. Encha uma garrafa térmica com ela de manhã se você vai ficar fora de casa durante o dia.

Nota: Se você tomar somente a sopa, por períodos indefinidos, sofrerá de desnutrição.

Ingredientes:

12 cebolinhas picadas
1 ou 2 latas de tomate picado
1 repolho grande picado
2 pimentões verdes
1 maço de aipo
1 pacote de mistura de sopa de cebola
Opcional: coentro ou salsinha picada
Temperos: sal, pimenta, curry em pó, caldo em tablete ou molho picante (tabasco).

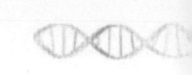

Preparo:

Corte os vegetais em pedaços pequenos e médios, adicione a mistura de sopa de cebola, tomate em lata e os temperos, e cubra com água filtrada pura. Ferva por 5-10 minutos e depois cozinhe até que os vegetais estejam macios.

O programa

Primeiro dia

Coma apenas sopa e frutas – todos os tipos de frutas, exceto bananas. O melão e a melancia têm menos calorias.

Para bebidas: chá sem açúcar, suco de *cranberry* ou água purificada.

Segundo dia

Não coma nenhuma fruta. Ingira vegetais. Coma até que esteja farto de todos os vegetais frescos, crus ou enlatados de que gosta, mas tente comer vegetais de folhas verdes e fique longe de feijões, milho e ervilhas.

Tome da sopa o quanto quiser.

Na hora do jantar, recompense-se com uma batata assada simples.

Terceiro dia

Coma a quantidade de sopa, fruta e vegetais que desejar. Não coma uma batata cozida.

Quarto dia

Se você comeu por três dias, como descrito anteriormente, e não trapaceou, descobrirá na manhã do quarto dia que perdeu 7-9 quilos. Eu pessoalmente perdi 11 quilos.

No quarto dia, coma até três bananas com leite desnatado e beba o máximo de copos de água purificada que puder. (Coloquei suco de limão fresco à minha água purificada.) Bananas são ricas em calorias e carboidratos, assim como o leite.

No entanto, hoje seu corpo precisa de potássio e carboidratos, proteínas e calorias para diminuir seu desejo por doces.

Tome a sopa pelo menos duas vezes hoje.

Quinto dia

Carne e tomates. Você pode comer 300-600 g de carne bovina e uma lata de tomates ou até seis tomates frescos hoje. Tente tomar pelo menos seis a oito copos de água purificada para remover o ácido úrico do corpo. Tome a sopa pelo menos uma vez nesse dia. (Eu comi salmão grelhado no lugar de carne vermelha.)

Sexto dia

Carne e vegetais. Coma carne e vegetais o quanto quiser hoje. Você pode comer dois ou três bifes, se quiser. Coma vegetais de folhas verdes. Sem batata cozida. Certifique-se de tomar a sopa pelo menos uma vez.

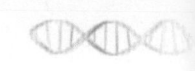

Sétimo dia

Arroz integral, suco de frutas sem açúcar e vegetais. Satisfaça a si mesmo. Certifique-se de tomar a sopa pelo menos uma vez hoje.

No final do sétimo dia, ou na manhã do oitavo dia, se você não tiver trapaceado, terá perdido 4,5-7,5 quilos. Se você perdeu mais de 6,5 quilos, fique longe da dieta por dois dias antes de retomá-la no primeiro dia.

Continue pelo tempo que desejar e sinta a diferença. Depois de apenas sete dias, além de se sentir mais leve em pelo menos 4,5 quilos, você vai ter uma abundância de energia.

Esse plano alimentar de sete dias pode ser usado quantas vezes você quiser. É uma queima rápida de gordura, e o segredo é que você vai queimar mais calorias do que ingerir. Na verdade, se seguido corretamente, vai limpar o seu sistema de impurezas e lhe dar uma sensação de bem-estar como nunca antes.

Como o sistema digestivo de cada pessoa é diferente, essa dieta afetará a cada um de maneira distinta. Em geral, entretanto, após o terceiro dia, você terá mais energia do que quando começou. Depois de fazer dieta por vários dias, você vai descobrir que seus movimentos intestinais mudaram. Coma uma xícara de farelo ou fibra. Embora você possa tomar café puro com essa dieta, pode descobrir que não precisa da cafeína após o terceiro dia. (Optei por não consumir café.)

A dieta não se presta ao consumo de bebidas alcoólicas em nenhum momento, em virtude da remoção do acúmulo de gordura em seu sistema. Deixe a dieta pelo menos 24 horas antes de qualquer ingestão de álcool.

Outras proibições definitivas são alimentos fritos, pele de frango, pão e bebidas gaseificadas (incluindo *diet*). Opte por água purificada, chá sem açúcar, café branco, suco de frutas sem açúcar, suco de *cranberry* e leite desnatado. Você pode comer frango assado ou grelhado ou peixe grelhado em vez de carne apenas em um dos dias da carne, mas você precisa do alto teor de proteína da carne nos outros dias.

A sopa básica para queimar gordura pode ser ingerida sempre que você sentir fome – quanto mais comer, mais peso vai liberar. Coma o quanto quiser.

Medicações prescritas não farão mal a você com essa dieta.

Continue esse plano pelo tempo que desejar e sinta a diferença, mental e fisicamente.

Recursos

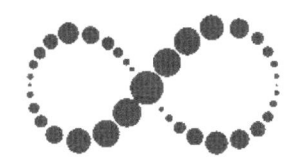

CURSOS DE THETAHEALING®

ThetaHealing é uma modalidade de cura energética fundada por Vianna Stibal, com sede na cidade de Bigfork em Montana, nos Estados Unidos, com instrutores certificados em todo o mundo. Os cursos e livros de ThetaHealing são planejados como guias terapêuticos de autoajuda para desenvolver a capacidade da mente de se curar. O ThetaHealing inclui os seguintes cursos e livros:

Cursos ministrados por Vianna e instrutores certificados ThetaHealing

Curso ThetaHealing® DNA Básico
Curso ThetaHealing® DNA Avançado
Curso ThetaHealing® Aprofundando no *Digging*
Curso ThetaHealing® Manifestação e Abundância
Curso ThetaHealing® Jogo da Vida
Curso ThetaHealing® Alma Gêmea
Curso ThetaHealing® Ritmo para um Peso Perfeito
Curso ThetaHealing® Animal
Curso ThetaHealing® Planta
Curso ThetaHealing® Relações Mundiais
Curso ThetaHealing® Laços Familiares
Curso ThetaHealing® Você e o Criador
Curso ThetaHealing® Você e o seu Parceiro

Curso ThetaHealing® Você e o seu Círculo Íntimo
Curso ThetaHealing® Você e a Terra
Curso ThetaHealing® Anatomia Intuitiva
Curso ThetaHealing® Criança Arco-íris
Curso ThetaHealing® Doenças e Desordens
Curso ThetaHealing® DNA 3
Curso ThetaHealing® Planos da Existência
Curso ThetaHealing® Planos da Existência 2

Cursos de certificação de instrutores ministrados exclusivamente por Vianna e seus filhos no ThetaHealing Institute of Knowledge

Curso ThetaHealing® DNA Básico para Professores
Curso ThetaHealing® DNA Avançado para Professores
Curso ThetaHealing® Aprofundando no *Digging* para Professores
Curso ThetaHealing® Manifestação e Abundância para Professores
Curso ThetaHealing® Alma Gêmea para Professores
Curso ThetaHealing® Ritmo para um Peso Perfeito para Professores
Curso ThetaHealing® Animal para Professores
Curso ThetaHealing® Planta para Professores
Curso ThetaHealing® Relações Mundiais para Professores
Curso ThetaHealing® Você e o Criador para Professores
Curso ThetaHealing® Você e o seu Parceiro para Professores
Curso ThetaHealing® Você e o seu Círculo Íntimo para Professores

Curso ThetaHealing® Você e a Terra para Professores
Curso ThetaHealing® Anatomia Intuitiva para Professores
Curso ThetaHealing® Criança Arco-íris para Professores
Curso ThetaHealing® Doenças e Desordens para Professores
Curso ThetaHealing® DNA 3 para Professores
Curso ThetaHealing® Planos da Existência para Professores

LIVROS

Títulos disponíveis atualmente:

ThetaHealing® – Introdução a Uma Extraordinária Técnica de Transformação Energética

ThetaHealing® Avançado – Utilizando o Poder de Tudo O Que É

ThetaHealing® Aprofundando no Digging

ThetaHealing® Sete Planos da Existência

ThetaHealing® Doenças e Desordens

ThetaHealing® Você e o Criador

ThetaHealing® Finding Your Soulmate with ThetaHealing

On the Wings of Prayer

Sobre os Tradutores

André Dias Siqueira é professor, tradutor, instrutor e terapeuta de ThetaHealing. Trabalha em parceria com o Portal Healing Brasil, e ministra cursos de ThetaHealing em diversos estados do país e do mundo.

Gustavo Barros é pioneiro do ThetaHealing no Brasil e instrutor certificado Master & Science (Mestrado e Ciência) em ThetaHealing pelo THInK – ThetaHealing Institute of Knowledge dos Estados Unidos.

Em 2010, na missão de trazer a formação completa ao país, foi cofundador do Instituto Portal Healing Brasil no Rio de Janeiro, onde ministra todos os cursos de formação de praticantes da técnica ThetaHealing®.

Além disso, ministra cursos em diversas cidades do Brasil e do mundo.

Tradutor de todos os livros *ThetaHealing* na língua portuguesa, Gustavo Barros também é coordenador dos cursos de Vianna Stibal e Joshua Stibal na formação de instrutores no Brasil.

Portal Healing
Travessa Carlos de Sá, 10 – Catete – Rio de Janeiro/RJ – Brasil
Tel.: (21) 3071-5533
Info.: (21) 98494-9456
Produtos: (21) 99279-4285
Site: www.portalhealing.com.br
E-mail: info@portalhealing.com.br
Instagram/Facebook/Youtube @portalhealingbrasil

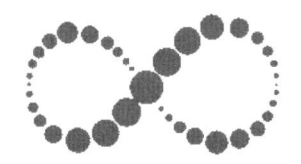

Índice Remissivo

A

abdominais, exercícios 21, 22, 23, 26, 29, 52, 70, 71, 117, 120, 124, 125, 126, 128, 129, 130, 132, 133, 135, 137, 138
abençoar 85, 106, 113, 115
abóbora, sementes de 91, 93, 154
acetaldeído 74, 75
ácido alfa-linolênico 14, 23, 24, 73, 74, 76, 79, 80, 87, 111, 112, 113, 165
ácido alfa-lipoico 14, 23, 24, 73, 74, 76, 79, 80, 87, 111, 112, 113, 165
açúcares 54, 75, 111
adoçantes artificiais 109
aeróbico 128, 131, 132
aeróbicos, exercícios, (veja também máquinas elípticas; corrida; caminhada) 22, 128, 132
afastar parasitas 21
água 25, 51, 78, 91, 110, 117, 162, 164, 165, 167
alcalina 75, 92, 112, 113
álcool, ingestão de 166
alimentos 25, 51, 55, 72, 76, 77, 85, 90, 92, 107, 108, 111,

112, 113, 116, 117, 118, 144, 151, 152, 156, 157, 167
alimento XIII 44, 84, 106, 107, 110, 113, 115, 116, 145, 146, 147, 148, 149, 150, 151, 152, 153, 154, 155, 156, 157, 158, 159, 160, 161, 162
amidos, contagem de carboidratos 145, 146, 147
aminoácidos, complexo de 73, 81
amora indiana veja noni 84
ancestrais, legados, xii 15, 29, 42, 44, 45, 46, 97, 101, 103, 104, 114
ancorar, liberação de peso 126, 128, 129, 131, 132, 138, 139
ancorar, ver música 126, 128, 129, 131, 132, 138, 139
atitude mental e equilíbrio ácido-alcalino 113
autoimagem, problemas de 141

B

básica de sopa para queima de gordura, receita de 163, 167
bebidas 158, 164, 166, 167
beleza 27, 28, 29, 56
beleza, downloads 27, 28, 29, 56
betacaroteno 77, 78
bolha de proteção 31, 32

C

cacto, suco de 73, 83
café da manhã, e obesidade 116

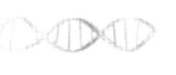

calorias 25, 83, 111, 117, 145, 150, 152, 163, 164, 165, 166
camadas de crença 40, 47, 48, 139
camadas de crença XII 32, 40, 47, 48, 85, 98, 100, 115, 130, 137, 138, 139
caminhada 25, 122, 128
canto do coração 15, 64, 97, 98, 101, 102, 103, 104
canto do coração XII-XIII 15, 64, 97, 98, 101, 102, 103, 104
carboidratos, contagem de 111, 116, 117, 144, 145, 146, 147, 148, 149, 150, 151, 152, 153, 154, 155, 156, 157, 158, 159, 160, 161, 162, 165
células de gordura, armazenagem 48, 70, 71, 74, 87, 109, 137, 138
cenário de inveja 19, 34, 58, 71
cenário de medo 19, 34, 58, 71
chocolate, benefícios do 108, 109, 113
cirúrgica, liberação de peso 65
colesterol 75, 76, 78, 83, 112, 130
colonizador, mentalidade de 103
começando 128
comer demais 25, 55, 57, 92
condimentos 158
corpo, crenças e download de sentimentos 15, 19, 25, 26, 27, 29, 38, 47, 48, 50, 53, 54, 55, 56, 65, 66, 70, 71, 72, 73, 74, 75, 77, 78, 79, 80, 81, 82, 86, 87, 89, 90, 91, 92, 97, 99, 100, 101, 106, 107, 108, 109, 110, 111, 112, 113, 115, 116, 117, 120, 123, 124, 126, 127, 129, 131, 132, 133, 137, 139, 140, 142, 165
corpo perfeito, mudança de padrão 26, 27
corporal, consciência 25, 29, 117
corrida 18, 121, 122, 123, 128, 132
crença de nível genético 12, 13, 14, 27, 31, 32, 33, 34, 35, 36,

37, 38, 40, 41, 42, 43, 44, 47, 48, 49, 50, 51, 59, 63, 64, 66, 68, 84, 88, 89, 96, 101, 113, 124, 128, 134, 138, 139
crença de nível histórico 12, 13, 14, 27, 31, 32, 33, 34, 35, 36, 37, 38, 40, 41, 42, 43, 44, 47, 48, 49, 50, 51, 59, 63, 64, 66, 68, 84, 88, 89, 96, 101, 113, 124, 128, 134, 138, 139
crença-raiz, ver crença-chave 36, 49
crenças-chave 33, 34
crença, trabalho de 12, 13, 14, 27, 31, 32, 33, 34, 35, 36, 37, 38, 40, 41, 42, 43, 44, 47, 48, 49, 50, 51, 59, 63, 64, 66, 68, 84, 88, 89, 96, 101, 113, 124, 128, 134, 138, 139
Criador de Tudo O Que É: pedir ao Criador 11, 12, 13, 21, 55, 56, 58, 84, 86, 90, 98, 115, 131
crise de cura 35
cursos 169, 172

D

definir como um objetivo 41
DHEA suplemento 73, 81, 82
diabetes, dieta para, veja também contagem de carboidratos 24, 25, 79, 83, 84, 116, 117, 144
dietas 112, 144
digging 12, 33, 35, 49
discernimento veja pedir ao Criador 37, 91
DNA, veja também genética 46, 101, 111, 169, 170, 171
dor 31, 32, 35, 36, 43, 48, 71, 78, 97, 98, 100, 101, 102, 103, 124
dor física 35
downloads para mente, corpo e alma 48, 75, 110

E

efeito ácido-alcalino 19, 36, 82, 86, 129, 132
elíptica, máquina 123, 127, 128, 135
emagrecer, comprimidos para 11, 14, 50, 56, 59, 63, 80, 97, 120, 163
energético, teste 33, 50, 51, 52, 53, 63, 100, 101
espaço entre 86, 113, 131
essencial 31, 92
estigma de estar acima do peso 26
evitar 15, 37, 44, 50, 75, 76, 77, 92, 111
exercícios 21, 22, 23, 26, 29, 52, 70, 71, 117, 120, 124, 125, 126, 128, 129, 130, 132, 133, 135, 137, 138

F

famílias 58
fast-food, contagem de carboidratos 155, 156
fome, sinais de 21, 46, 83, 86, 87, 99, 107, 116, 117, 163, 167
força 54, 57, 73, 89, 112, 140
frutas, contagem de carboidratos 51, 112, 117, 148, 149, 150, 153, 154, 164, 166, 167
fungos 74, 75, 91, 112

G

gene do sobrepeso 42
genética, papel da 29, 97, 101, 103

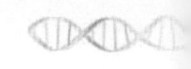

grapefruit, extrato de 73, 83, 149, 150
guaraná 73
guerra, vibrações persistentes 99, 101

H

Hospital Memorial do Sagrado Coração 163

I

Idaho, mentalidade de 103, 121
importância de 54
infância, experiências de 19, 31, 32
inveja 26, 53, 138, 141

L

lanches, contagem de carboidratos 108, 117, 152, 153, 154, 155
lecitina 73, 80
liberação de peso veja também legados ancestrais, downloads, crenças-chave proteínas 14, 35, 40, 43, 44, 48, 57, 64, 65, 73, 74, 77, 82, 83, 109, 138, 139, 140
liberação de peso XII 14, 35, 40, 43, 44, 48, 57, 64, 65, 73, 74, 77, 82, 83, 109, 138, 139, 140
liberação de toxinas 14, 35, 40, 43, 44, 48, 57, 64, 65, 73, 74, 77, 82, 83, 109, 138, 139, 140
liberação de tristeza 14, 35, 40, 43, 44, 48, 57, 64, 65, 73,

74, 77, 82, 83, 109, 138, 139, 140
liberando e substituindo 46, 65, 70, 81, 97, 138
liberar camadas 15, 22, 25, 40, 41, 43, 44, 47, 48, 50, 52, 54, 57, 63, 65, 68, 70, 71, 75, 78, 88, 97, 98, 99, 100, 101, 102, 108, 110, 120, 123, 126, 128, 132, 133, 134, 141, 167
limpeza de parasitas 15, 83, 84, 86, 87, 88, 91, 92, 107
linfático, sistema 78
livros X 11, 36, 38, 169, 172

M

medicamentos veja prescrições medicamentosas meditação 23, 24, 83, 85
meditação 11, 125
medo de 15, 18, 19, 40, 42, 43, 50, 53, 58, 60, 62, 100, 125, 141, 144
medos 58, 138
"menos é melhor" 15, 31, 49, 51, 55, 59, 72, 74, 81, 82, 87, 92, 116, 117, 118, 123, 128, 129, 131, 144, 152, 156, 164, 165, 166
mente, corpo e alma 11, 15, 31, 32, 33, 35, 36, 37, 46, 50, 66, 75, 85, 95, 106, 108, 120, 125, 127, 129, 133, 139, 142, 169
modelos, influências 26, 28
molibdênio 74, 75
música 96, 121, 123, 126, 127, 128, 129, 131, 132, 133, 134, 135, 138, 139

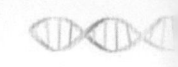

N

nascimento 97, 114
noni 73, 84, 87, 91

O

obesidade 13, 23, 25, 44, 49, 78, 87
obeso x acima do peso 25, 26, 41
óleo de linhaça 76, 77, 79
óleo de peixe 76, 77, 79
ômega 3 ácidos graxos 14, 73, 75, 76, 78, 108
ômega 6 ácidos graxos 77, 80
opcional 82
ovos, riscos em ômega 76, 80, 92
oxigênio 19, 79, 122

P

para novas camadas veja também canção do coração 1, 3, 4, 5, 7, 12, 13, 14, 15, 16, 18, 19, 20, 21, 22, 23, 24, 25, 26, 27, 28, 29, 31, 32, 33, 34, 35, 36, 37, 38, 40, 42, 43, 44, 45, 46, 47, 48, 49, 50, 51, 52, 53, 55, 56, 59, 61, 62, 63, 64, 65, 66, 68, 69, 70, 71, 72, 74, 75, 77, 78, 79, 80, 82, 83, 84, 85, 86, 87, 88, 89, 90, 91, 92, 95, 96, 97, 98, 99, 100, 101, 102, 103, 104, 107, 108, 109, 110, 111, 112, 113, 114, 115, 116, 117, 118, 120, 121, 122, 123,

124, 125, 126, 127, 128, 129, 130, 131, 132, 133, 134,
   135, 137, 138, 139, 140, 141, 142, 144, 153, 154, 156,
   157, 158, 163, 165, 167, 169, 170, 171
parasitas 84, 86, 87, 88, 89, 90, 91, 92, 93, 107, 112
parentais, questões 45
pectina 77, 78
pedir ao Criador 97
percepção da sociedade 33
perguntas, processo de, no trabalho de crenças 34, 50, 89
"peso significa riqueza", crenças 11, 13, 14, 15, 16, 18, 19,
   20, 21, 22, 23, 24, 25, 26, 28, 29, 36, 40, 41, 42, 43, 44,
   45, 46, 47, 48, 49, 50, 51, 52, 54, 56, 57, 59, 60, 61, 62,
   63, 64, 65, 66, 67, 68, 70, 72, 73, 74, 75, 77, 78, 79, 80,
   81, 82, 83, 87, 88, 100, 101, 106, 107, 108, 109, 110,
   112, 116, 117, 120, 123, 126, 128, 129, 130, 132, 133,
   134, 137, 138, 139, 140, 141, 142, 144, 163, 167
pituitária, estimulação 44
plexo solar 99, 100
poder, questões de 16, 42, 44, 50, 121
potássio 77, 78, 165
programas de liberação 12, 15, 32, 33, 34, 35, 36, 37, 44,
   46, 49, 88, 89, 110, 137, 138
programas de sabotagem 12, 15, 32, 33, 34, 35, 36, 37, 44,
   46, 49, 88, 89, 110, 137, 138

Q

questões de segurança 13, 14, 19, 20, 21, 35, 40, 43, 44, 45,
   48, 89, 113

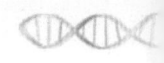

R

radicais livres 78, 79
razões médicas para ganho de peso 23, 41, 47, 68, 72, 96, 107, 141
reencarnação e comida 113
refeições 108, 116, 117
relacionamentos 11, 42, 45, 50, 60, 66, 141
ressentimentos, questões de 43, 99
resveratrol 73, 80, 81
riscos de fazer dieta 65
ritmo de liberação de peso 65

S

saúde 13, 14, 20, 25, 58, 59, 72, 77, 78, 83, 90, 142
segurança, questões de 18, 42, 44, 120, 121, 123, 128
sem exercício XIII-XIV 11
sentimentos sobre 14, 21, 34, 35, 36, 37, 38, 41, 43, 46, 47, 48, 63, 68, 88, 89, 90, 92, 100, 134, 137, 138, 140
sermão de exercício 22, 23
serotonina 76
sessão de trabalho de crença 33, 35, 36, 58, 59, 64, 66
sessões X-XI 22, 27, 31, 38, 43, 137
Sétimo Plano de Existência, conexão ao 85, 98, 115, 131
seu corpo 25, 29, 47, 48, 66, 72, 77, 80, 86, 87, 97, 101, 106, 107, 108, 109, 110, 111, 116, 117, 123, 127, 129, 131, 132, 137, 139, 140, 165
Sexto Plano de Existência veja canto do coração 97, 165
sexual, energia 44, 50, 80

sopa, básica para queimar gordura 77, 78, 145, 146, 147, 149, 153, 154, 155, 156, 157, 158, 163, 164, 165, 166, 167
subconsciente, mente 11, 15, 31, 32, 33, 34, 35, 37, 42, 46, 65, 66, 85, 120, 125, 128, 141
substâncias residuais, liberadas por exercício 57, 70, 85
substituição 154
suco, eliminando parasitas 73, 81, 83, 84, 87, 162, 164, 165, 166, 167
suplementos de crença 12, 15, 55, 56, 70, 72, 73, 80, 82, 83, 84, 85
suplementos XII 12, 15, 55, 56, 70, 72, 73, 80, 82, 83, 84, 85

T

temperos 159, 164
terra, liberação de tristeza 101, 102, 103, 104, 146
teste energético 33, 63
ThetaHealing® 4, 11, 12, 38, 169, 170, 171, 172
Theta, onda cerebral X 12
tireoide, problemas de 23, 100, 130
totalmente proteica, dieta 112, 117, 141
toxina, liberação de 27, 70, 74
trabalho de crença 12, 13, 18, 27, 31, 33, 35, 36, 38, 40, 43, 44, 45, 48, 50, 51, 58, 63, 64, 68, 71, 73, 88, 89, 96, 101, 112, 113, 124, 126, 128, 133, 134, 137, 138
tristeza, liberação de 35, 41, 43, 64, 96, 97, 98, 99, 100, 101, 102, 103, 104

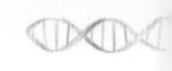

U

um a um 5, 11, 12, 13, 14, 15, 18, 19, 20, 21, 22, 26, 31, 32, 33, 34, 35, 36, 37, 41, 42, 45, 46, 47, 48, 49, 50, 56, 58, 59, 60, 61, 64, 65, 71, 72, 73, 74, 75, 76, 77, 78, 79, 80, 81, 82, 83, 84, 87, 88, 89, 90, 91, 95, 96, 97, 98, 99, 100, 101, 102, 103, 104, 106, 108, 109, 110, 111, 112, 113, 114, 116, 117, 118, 120, 121, 122, 123, 124, 125, 126, 127, 128, 129, 130, 131, 132, 133, 134, 135, 137, 138, 140, 141, 166, 167, 169, 170

V

vegetais 51, 79, 92, 108, 111, 112, 117, 159, 160, 161, 162, 164, 165, 166
vermes veja parasitas 84, 88, 92
vícios, downloads 118
vinagre de maçã 14, 73, 77, 78, 79
vinho tinto 80, 81

Leitura Recomendada

Thetahealing® Os Sete Planos da Existência

A Filosofia da Técnica Tehtahealing

Vianna Stibal

Desenvolvido primeiramente há mais de 25 anos por Vianna Stibal, o ThetaHealing é essencialmente física quântica aplicada.
Usando uma onda cerebral Theta, que até agora era considerada acessível somente em sono profundo ou meditação no nível do iogue, o praticante é capaz de se conectar com a energia de Tudo O Que É – a energia em tudo – para testemunhar as curas do corpo físico, identificar e mudar as crenças limitantes.

Leitura Recomendada

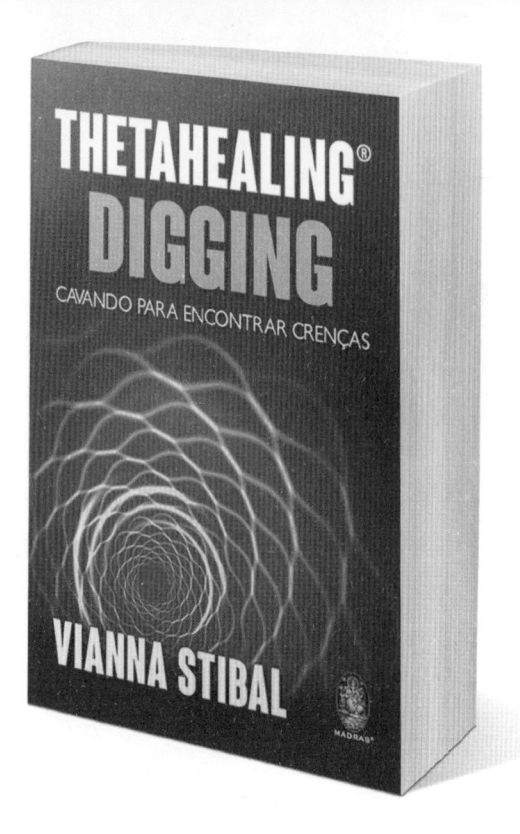

THETAHEALING® DIGGING

Cavando para encontrar crenças
Vianna Stibal

Novo manual ThetaHealing® para os fãs dos ensinamentos ThetaHealing®, da autora *best-seller* Vianna Stibal, explorando passo a passo como descobrir quais são as crenças básicas e religar o seu pensamento subconsciente para uma cura profunda e transformadora. Neste livro complementar para *ThetaHealing®*, *ThetaHealing® Avançado*, *ThetaHealing® Doenças e Desordens®* e *Sete Planos da Existência*, Vianna Stibal compartilha um processo profundo a respeito de Digging, parte integrante da modalidade ThetaHealing®.

www.madras.com.br

Leitura Recomendada

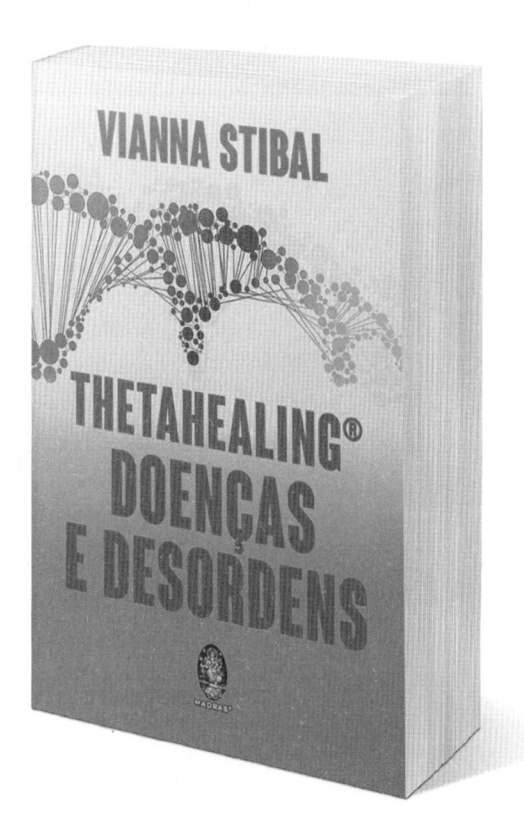

THETAHEALING® DOENÇAS E DESORDENS

Doenças e Desordens
Vianna Stibal

Este é um guia definitivo para liberação das doenças a partir de uma perspectiva intuitiva, sendo complementar aos livros de DNA Básico e DNA Avançado de ThetaHealing, que introduziram esta técnica de cura surpreendente e suas poderosas aplicações para um público global. A ferramenta de referência perfeita para aqueles já familiarizados com o passo a passo do ThetaHealing. Aqui estão todos os programas, sistemas de crenças, percepções intuitivas, remédios e suplementos que Vianna foi encontrando como útil em certas doenças e desordens, com base na experiência em mais de 47 mil sessões com clientes.

www.madras.com.br

Leitura Recomendada

Thetahealing®
Você e o Criador
Vianna Stibal

Este é um guia essencial para praticantes de ThetaHealing®, no qual Vianna Stibal explica que, quando estamos no estado Theta, somos capazes de nos conectar com o Criador de Tudo O Que É. Desse modo, acessamos um conhecimento incrível para alcançar uma transformação interior profunda. Utilizando meditação focada em combinação com ondas cerebrais Theta permitimos mudanças poderosas nas crenças subconscientes, transformando-as em padrões positivos.

Thetahealing®
Uma das mais Poderosas Técnicas de Cura Energética do Mundo
Vianna Stibal

Ainda mais interessante, no decorrer de seu trabalho com milhares de clientes, Vianna descobriu que esse método poderia ser ensinado a outras pessoas. Agora, você também pode aprender como colocar seu cérebro no estado Theta (de 4 a 7 ciclos por segundos) e se conectar com a energia criadora que se move por todas as coisas.

www.madras.com.br

MADRAS® Editora
CADASTRO/MALA DIRETA

Envie este cadastro preenchido e passará a receber informações dos nossos lançamentos, nas áreas que determinar.

Nome _____
RG _____ CPF _____
Endereço Residencial _____
Bairro _____ Cidade _____ Estado _____
CEP _____ Fone _____
E-mail _____
Sexo ❏ Fem. ❏ Masc.   Nascimento _____
Profissão _____ Escolaridade (Nível/Curso) _____

Você compra livros:
❏ livrarias   ❏ feiras   ❏ telefone   ❏ Sedex livro (reembolso postal mais rápido)
❏ outros: _____

Quais os tipos de literatura que você lê:
❏ Jurídicos   ❏ Pedagogia   ❏ Business   ❏ Romances/espíritas
❏ Esoterismo   ❏ Psicologia   ❏ Saúde   ❏ Espíritas/doutrinas
❏ Bruxaria   ❏ Autoajuda   ❏ Maçonaria   ❏ Outros:

Qual a sua opinião a respeito desta obra? _____
_____

Indique amigos que gostariam de receber MALA DIRETA:
Nome _____
Endereço Residencial _____
Bairro _____ Cidade _____ CEP _____

Nome do livro adquirido: **ThetaHealing® – *Ritmo para Um Peso Perfeito***

Para receber catálogos, lista de preços e outras informações, escreva para:

MADRAS EDITORA LTDA.
Rua Paulo Gonçalves, 88 – Santana – 02403-020 – São Paulo/SP
Caixa Postal 12183 – CEP 02013-970 – SP
Tel.: (11) 2281-5555 – Fax.:(11) 2959-3090
www.madras.com.br

MADRAS® Editora

Para mais informações sobre a Madras Editora,
sua história no mercado editorial
e seu catálogo de títulos publicados:

Entre e cadastre-se no site:

www.madras.com.br

Para mensagens, parcerias, sugestões e dúvidas, mande-nos um e-mail:

marketing@madras.com.br

SAIBA MAIS

Saiba mais sobre nossos lançamentos,
autores e eventos seguindo-nos no facebook e twitter:

@madrased

/madraseditora